Einaudi Stile libero Extra

Dello stesso autore nel catalogo Einaudi

Naufragi. Storie di confine
La ragione dei sentimenti
Voi, noi
Dannati e leggeri
I figli non crescono piú

Paolo Crepet
Sull'amore

Innamoramento, gelosia, eros, abbandono
Il coraggio dei sentimenti

Einaudi

© 2006 Giulio Einaudi editore s.p.a., Torino
www.einaudi.it

ISBN 88-06-18506-3

Sull'amore

Una delle tante autostrade che escono dall'area metropolitana di Londra verso nord. Il traffico scorre lento, il sole tramonta tardi come tutte le sere inglesi: un'estate che si prolunga tra piovaschi e sole tiepido, crudele.

Ascolto un canale della Bbc, musica classica.

Ormai si è fatto buio, la musica s'interrompe per lasciare spazio a una trasmissione d'intrattenimento condotta da una voce femminile un po' roca che sa di gioventú ben trascorsa.

Risponde alle telefonate in diretta, argomento: l'amore. Cerco di prestare attenzione, m'incuriosisce individuare eventuali differenze tra il nostro e il loro modo di affrontare un argomento tanto abusato. Un signore chiama e racconta quanto gli è difficile parlare d'innamoramento con il nipote, appena adolescente. Dice: «Che ne può sapere lui dell'amore che è ancora un ragazzino e non sa nulla della vita...» La donna replica, pronta: «Ma lei è proprio sicuro che bisogna essere maturi per sapere che cos'è? Poi noi, che la vita dovremmo conoscerla almeno un po', dell'amore sappiamo davvero tutto, possiamo istruire un giovane ad amare con piú sicurezza e serenità?»

La discussione radiofonica va avanti per un po', la seguo a tratti, sono già sulle strade non lontano da Oxford, un bagliore di luna illumina i prati attorno e scurisce le ombre delle immense querce che li delimitano. Penso a quelle apparenti ovvietà che avrebbero fatto discutere le radio di mezzo mondo. Mi chiedo se davvero sia tutto cosí banale. E se l'amore semplicemente non rappresentasse l'argomento piú difficile da discutere ma anche il piú urgente?

L'idea di scrivere un libro sull'amore – ben conscio del rischio di semplificazione che esso comporta – nasce da questa sensazione.

Per secoli abbiamo fatto di tutto pur di non vivere d'amore. Abbiamo lasciato questa scelta ai santi e ai folli, ai poeti e agli utopisti proprio per arrivare a dirci – consolandoci – che non è tema cosí importante per comuni cittadini. Prima deve venire il lavoro, il denaro, il potere, la guerra e la pace, l'economia e la politica, la famiglia e lo Stato, l'individuo e la collettività. Abbiamo pensato che perfino la felicità potesse essere vissuta senza amore.

Cosí si progettano e costruiscono esistenze appoggiate sulle palafitte fragili dell'analfabetismo affettivo. Ci siamo perfino dimenticati d'insegnare ai nostri figli a comunicare – nel senso empatico del termine – convinti che sarebbe bastata l'invasione tecnologica e telematica a garantire a ognuno di non essere piú solo.

Abbiamo parlato per decenni di alienazione, poi l'abbiamo organizzata e diffusa in ogni posto di lavoro e in molte case, e ora ci inorgogliamo all'idea che immensi territori orientali siano il teatro di una gigantesca transizione: dalla lentezza dei campi alla follia delle fabbriche di grattacieli. Siamo riusciti ad affogare nel fare, il pragmatismo si apprezza come icona dell'efficienza e della subalternità globale: cosí non pensiamo ad altro se non alla produzione di cose, mai d'idee.

L'amore dunque come rivoluzione, come grimaldello

capace di sovvertire un equilibrio anestetizzato di menti e libertà. L'amore come esercizio spirituale, come ginnastica di amor proprio, come fucina di dignità. L'amore come allegoria del tempo necessario ad accorgerci che stiamo vivendo, non sopravvivendo. L'amore come metafora irrinunciabile del bello e del puro.

Amore come occasione per accorgersi dell'altro, come crescita, riappropriazione della coscienza di sé, del corpo, dei sensi, della libertà di pensare e sentire.

Cosa c'è di piú strategico dell'amore?

Come potrebbe un politico pretendere di guidare una nazione se non sa amare? Come potrebbe un industriale pretendere di capitanare mille dipendenti se non conosce il senso della passione dei sentimenti? Eppure la Storia è lastricata di leader cinici e di manager emotivamente irrisolti, cosí come la maggioranza di noi. Ecco perché, di fronte alla piú profonda crisi dell'Occidente, non sappiamo far altro che replicare le scelte del passato: facciamo crescere la concorrenzialità, la violenza, l'indifferenza per l'altro, la piú cinica delle ambizioni. Sappiamo distruggere per poi ricostruire, uccidere per poi perdonare, tradire per poi chiedere scusa.

E se la rivoluzione partisse dall'*homo cupidus* (ovvero l'uomo emotivo) non piú da quello *laboriosus* né da quello «tecnologicus»? E se fosse venuto il tempo di prendere e dare delle lezioni d'amore? Se il vero frutto di un'acquisita modernità corrispondesse con il concedersi il tempo, la voglia, il coraggio, il lusso d'innamorarsi?

> L'assoluto dell'amore si riconosce dall'inquietudine incessante di chi ama.
>
> PAUL VALÉRY

Ho passato gran parte dell'infanzia in una tranquilla città di pianura. Abitavo in una piazza circondata da una fila di portici profondi e scomposti, lastricati di pietra scura, che la cattiva stagione accarezzava d'umidità e riempiva di velature luccicanti come bave di lumache.

Proprio sotto una di quelle volte, non lontano dal portone di casa, di buon'ora, ogni mattina, attratto da un rituale a lui stesso ignoto, un uomo spingeva un vecchio carretto di legno verniciato di verde fino a parcheggiarlo proprio sotto uno di quegli enormi occhi di pietra.

Era tarchiato e silenzioso, vendeva frutta e verdura: stava sempre solo. Non appena arrivava la stagione piú fredda, accendeva un braciere posto a fianco delle ruote: vi coceva castagne e patate americane. Non cambiava mai la posizione di quella minuscola bottega ambulante, e nemmeno quella della sua vecchia sedia impagliata: restava sempre nello stesso posto, immancabile, estati e inverni, con l'afa e con la neve. Sguardo vuoto, mani minuscole, grasse, annerite dalla carbonella.

Accadde la sera di uno di quei giorni nei quali il freddo mischia il vapore rappreso della foschia a pioggia fitta e lieve. Tornavo a casa con papà, ci fermammo a comprare qualcosa per cena e mentre l'uomo preparava il cartoccio, a mio padre scappò di chiedergli per quale ragione, nonostante l'ora tarda, il tempo impietoso, i passanti ormai radi e frettolosi, si ostinasse a rimanere al gelo e non preferisse tornarsene a casa.

E l'uomo delle patate americane, pronto, a bassa voce, senza alzare lo sguardo: – Ghe vada iu da me muier...

«Ci vada lei da mia moglie».

Risposta greve, ma solo in apparenza. A distanza di anni, infatti, rende ancora bene l'idea di quanto la nostra comunità sia stata davvero brava a insegnare ai propri figli a studiare, lavorare, guadagnare. C'è chi si è cosí costruito sette ville in Sardegna e chi è soltanto riuscito a sbarcare il lunario, ma la maggioranza di noi – soprattutto quella dei maschi – ha imparato che l'importante sono le cose materiali – l'infinita lista delle «robe» da acquisire ed esibire – e non davvero le emozioni: tanto che le prime hanno fornito un'identità assai piú delineata e forte delle seconde.

Senza che se lo potesse nemmeno immaginare, quel verduraio ha incarnato una delle metafore piú inquietanti del nostro attuale modo di vivere e comunicare. Bravi a vendere in piazza, un po' meno a far crescere rapporti, coltivare sentimenti, alimentare affetti fra le mura domestiche.

Se oggi si facesse un censimento per stabilire chi sono i migliori lavoratori e chi gli amanti esemplari, si scoprirebbe che i primi posti di quella classifica non sarebbero occupati dalle stesse persone, anzi. Per decenni abbiamo ritenuto che l'uomo fosse portato all'alienazione dal lavoro, in realtà la vera alienazione è quella vissuta nella quotidianità, non quella degli uffici o delle Borse ma quella del talamo, dove s'annida spesso il piú profondo dei nostri naufragi, quello degli affetti.

Si fa presto a dire «amare»: molti ritengono che sia sinonimo del piú insipido «volere bene». Quante sono le persone che possono dire di essere – o essere state – innamorate davvero? E quante quelle capaci di fare il salto di qualità, di andare oltre l'innamoramento, fino all'amore?

Per secoli amare non è stato l'obiettivo primario, la vera necessità. La priorità è stata la sopravvivenza: bisogna trovare cibo e acqua, ripararsi dal freddo, scongiurare una guerra o doversi armare, pregare che la prossima epidemia non semini nuovi lutti. Poi, una lenta emancipazione, il raggiungimento di un relativo benessere ha permesso alle generazioni che ci hanno immediatamente preceduto di scoprire che si poteva vivere, non solo sopravvivere, concedersi il lusso di pensare a se stessi: occuparsi anche dei sentimenti, dei moti dell'animo. In altre parole, del senso immateriale della vita.

Eppure, anche adesso che da qualche decennio abbiamo conquistato la modernità (diritti, libertà, prolungamento dell'esistenza), la maggioranza dei cittadini di questa piccola porzione del mondo occidentale ancora non conosce i sentimenti, anzi li teme.

Basterebbe contare i negozi di biancheria intima: decuplicati rispetto a vent'anni fa. Non rappresentano certo il segnale di un cambiamento profondo nella capacità di conoscere le emozioni, non dimostrano che sappiamo amare meglio. Provano, invece, l'esatto contrario: che la nostra società soffre dell'ossessione dell'amore vissuta in termini di sessualità (ovvero di competizione sessuale), ma non sa vivere l'amore.

La maggioranza dei cittadini moderni ama poco, ama male: altrimenti non sarebbe nata la psicoanalisi.

È paradossale che ciò stia accadendo proprio ora che non ci manca il tempo per sviluppare rapporti: mio nonno non conosceva i week-end, io sí. Basterebbe dimostrare la volontà di migliorarsi, semplicemente quella d'imparare, necessaria soprattutto nel momento cruciale in cui ha inizio la grande magia che lascia incantati.

L'innamoramento. Senza il quale non si cresce, senza il quale la vita non ha sapore, spessore, stupore.

L'innamoramento è una malattia.

Solo che funziona esattamente al contrario di una patologia organica: fa tanto bene quanto piú fa male. Piú il virus è invasivo, virulento e contagioso, piú l'innamoramento è sconvolgente; appena il virus si attenua e stempera la sua portata morbosa, ecco che il sentimento si placa e si trasforma. E, come tutti i virus, l'innamoramento colpisce allo stesso modo in ogni parte del mondo. Non conosce differenze di condizione sociale e di razza, non ha bisogno di traduzioni per essere compreso né di climi speciali per attecchire.

Quand'ero ragazzo, una sorella di mio nonno mi raccontò una storia accaduta a Venezia ai suoi tempi. Una signorina di buona famiglia incontrò a una festa un giovane forestiero e se ne innamorò. La relazione fu da subito burrascosa, tanto che dopo soli pochi mesi la signorina rimase incinta. In casa le chiedevano come fosse potuto succedere dal momento che parlava solo veneziano e il giovanotto una lingua straniera. E lei, non sopportando piú tante insistenze, aveva risposto nel modo piú ovvio, scontato e bello del mondo: – L'amore non ha bisogno di parole, ma di sguardi.

L'innamoramento prescinde da verbi e vocaboli, ma non dai sensi: sono loro che preannunciano quella magnifica febbre. Piú si è ammalati, piú ci si fa avvolgere e travolgere da un sentimento che va oltre la ragione, l'interesse, la convenienza. Un sentimento cosí bello e cosí nobile lo si dovrebbe augurare ai propri figli, nella speranza che anche loro possano ammalarsi, cioè vivere – non un giorno soltanto – questa folle ossessione.

L'innamoramento è autentico solo quando è insano, dissennato, quando ti fa stare ad aspettare un Sms o un'e-mail per giorni, quando fa trovare scuse inverosimili pur di arrivare puntuali a quell'appuntamento. Chi non lo ha conosciuto, dice che sono cose assurde, al di là della logica e del tempo, eppure sappiamo bene che, come diceva Pierre Corbeille, «la ragione e l'amore sono nemici giurati».

L'innamoramento non può avere nulla a che vedere con la ragione. Accade in tutti i campi, non solo in quello sentimentale: quella magica forza funziona allo stesso modo anche per la musica, la letteratura, la pittura, qualsiasi espressione umana. Soffre della medesima ossessione il musicista di talento che a un certo punto si isola dal mondo con i suoi spartiti, proprio come fa l'innamorato, perché non pensa ad altro, improvvisamente catapultato su un altro pianeta dimentica cosa deve fare, infila una sciocchezza dietro l'altra, non si rende bene conto degli impegni che si è preso, è totalmente disinteressato a ciò che fino al giorno prima gli riempiva la vita. È vittima della dolcissima, straziante, incontrollabile seduzione dell'amore.

Nell'epistolario di Italo Calvino ed Elsa de' Giorni, lo scrittore annota: «Amore mio, non avrei mai pensato che innamorarmi di te, incidesse cosí profondamente in me, fino a toccare, a aprire una crisi anche nella strumentazione piú tecnica del mio lavoro, cioè nel mio stile».

Essere innamorati è avere in testa un'idea che non t'abbandona giorno e notte. È addormentarsi con quell'immagine e ritrovarla che aspetta sul cuscino al primo battito di ciglia. Che abbia nome di donna, di uomo o di un quadro di Vermeer o di una sinfonia di Brahms cosa cambia? Il principio è lo stesso. È estraniamento, un incantesimo che sovverte e sobilla la comune, ordinaria quotidianità.

Se una donna o un uomo dovesse arrivare ad affermare di essersi innamorata/o in modo giudizioso, dovrebbe sospettare che non è cambiato granché nella sua vita: continuerebbe a compiere tutte le azioni quotidiane, esattamente come faceva prima d'incontrare l'amore. E se insistesse nel convincersi di essere attratta/o da quell'uomo o da quella donna, rivelerebbe che il suo è soltanto un sentimento dettato dal buon senso, privo di acuti, sottratto allo strazio: l'emozione trasformata in burocrazia. L'innamoramento invece è sentimento estremo, non tepore ma febbre alta. Produce sempre una rivoluzione.

Il che non implica per forza un sovvertimento totale, esterno e interno. A volte il vero innamorato cuoce di una febbre interiore che non appare necessariamente come una sorta di dicotomia tra anima ed esteriorità, che detesta le pose istrioniche, quella contraddizione cui faceva riferimento Flaubert quando diceva che «occorre vivere da borghesi e scrivere da folli».

Oggi è abbastanza raro incontrare un persona innamorata del proprio lavoro e sembra quasi un eccesso romantico affermare che si possa innamorarsi di un'idea, appassionarsi follemente a un ideale. Eppure, nella mia generazione, ma soprattutto in quella di mio padre, uomini e donne hanno dato la vita per un valore: una straordinaria ossessione, un meraviglioso innamoramento per l'idea di libertà e di dignità.

Questo amore è merce rara proprio in quanto dono, virtú, occasione, fortuna. Richiede una buona dose di estrosità, un po' di follia senza la quale non scocca la scintilla del furore sentimentale.

Arturo Benedetti Michelangeli, il grande pianista, divenne famoso non solo come sublime interprete di musica romantica, ma anche per le sue alzate d'ingegno, le stravaganze, le nevrosi. Si diceva che si comportasse come una primadonna, che mettesse la musica davanti a tutto, che vivesse solo con a fianco il suo accordatore e ne pretendesse la presenza ovunque viaggiasse. Non gli interessava il pubblico e nemmeno troppo la critica, solo quella fuga di Bach o quel preludio di Chopin riuscivano a ossessionarlo.

Esattamente come succede a un ragazzo quando finalmente riesce a portare a cena, dopo tanta fatica, la ragazza che lo fa sognare. Nulla al mondo riesce a trattenerlo: non la partita di calcio, non l'interrogazione del giorno dopo, non gli orari, neppure gli amici. Il suo desiderio piú grande è avere quella ragazza tanto vicina da intuirne l'odore della pelle.

Diceva sant'Agostino: «Da mihi amantem et sentit quod dico» («Dammi un innamorato e capirà quel che dico»). Dunque l'ulteriore paradosso: l'irrazionalità porta alla comprensione, ovvero alla ragione piú profonda, la follia contempla la soluzione. L'antica tradizione persiana c'insegna che quando in un villaggio si doveva prendere un'importante decisione, i vecchi si ritrovavano la sera sotto una tenda e bevevano fino a ubriacarsi, quindi discutevano di ciò che si doveva fare e l'indomani, finalmente sobri, confermavano la decisione che quella disinibizione aveva facilitato. L'irrazionalità avvicina alla saggezza.

Gesú Cristo, uomo incredibilmente innamorato nel senso piú grande e sorprendente, pazzo d'amore per un'idea: quella di amare tutti gli uomini e di volerli salvare. Sant'Agostino si spinge oltre: «Dilige et quod vis fac» («Ama e fa' ciò che vuoi»), ovvero l'amore – attraverso il dolore della perdita della ragione e del conseguente controllo su di sé – conduce al bene assoluto: la libertà.

Come avrebbe potuto Michelangelo non essere posseduto da quel terribile virus se, ormai anziano e malconcio, ha affrescato la volta della Cappella Sistina restando sdraiato su assi di legno per mesi interi? Era «pazzo d'amore»: non è un caso che si prendano a prestito le parole della psicopatologia per definire lo stato di un innamorato. Se fosse stato ragionevole avrebbe affidato il compito a qualche suo allievo e si sarebbe limitato a coordinare o a curare solo i dettagli.

Nelle questioni chiare non si fa luogo a interpretazione: l'innamoramento non ascolta «le ragioni della ragione».

Quando si entra in questa straordinaria follia, sempre con la testa fissa in un punto, sollevati un metro da terra, non si può riflettere, non si possono fare valutazioni equilibrate. L'equilibrio non appartiene a questo stato, anzi si è portati a inevitabili esagerazioni, come fossero contenute nel Dna dell'innamoramento. Chi non è mai stato preda di quel virus difficilmente può capire.

La scoperta delle emozioni – nella pienezza e nell'assoluta libertà in cui si possono esprimere – rappresenta tuttavia una delle piú recenti conquiste.
Per anni non sono state ascoltate ma semplicemente tenute sotto controllo, ora che finalmente è venuto il tempo di viverle appieno si avverte turbamento e perplessità. A volte suscitano perfino diffidenza, spavento, sgomento, proprio perché non si conoscono. Quasi che a volervisi addentrare si percepisse una perdita di sé, un *horror vacui*, la paura dell'abisso.
Eppure ben pochi sanno educare all'amore, dunque rari quelli educati all'amore. E anche quando ciò accade, avviene in modo generico e spesso superficiale. Pochi sono i «maestri di vita» in grado di spiegare ai ragazzi che cosa significhi «innamorarsi». Educare ai sentimenti è un po' come insegnare a conoscere il corpo attraverso i movimenti di alcune ginnastiche orientali. Aiuta ad avere meno paura delle emozioni, ad acquisirle dentro, a farle proprie infilandole sotto la pelle. A scuola in qualche caso si è introdotta l'educazione sessuale, che però non ha significato se non è preceduta da quella sentimentale.
Esiste una forma di autoformazione all'amore che ognuno cerca di adottare crescendo attraverso esperienze vissute e i tentativi e gli errori che si commentano con gli amici o i compagni di scuola. Quando non sono piú i compagni di scuola, saranno i colleghi d'ufficio, perché questa è una formazione di sé che non finisce mai. Gli inglesi la chiamano *peer education*, educazione tra pari. Buo-

na parte di ciò che gli adulti di oggi conoscono dell'amore è infatti stato appreso in questo modo: da un amico un po' piú grande che ha avuto quell'esperienza e che la racconta al bar, negli spogliatoi di un campo sportivo, a una festa, o semplicemente la lascia trapelare in una conversazione. È una formazione che non ha regole di tempo, avviene quando capita, in maniera inconsapevole e casuale.

L'educazione sentimentale è uno scambio non occasionale, voluto e cercato, tra un adulto che sa e un giovane che apprende.

Cosí come le mamme spiegano alle figlie che cosa succederà quando arriveranno le mestruazioni, per prepararle a un avvenimento sconvolgente e meraviglioso – una comunicazione dolce accompagnata anche da consigli pratici che rassicurano le adolescenti riguardo la loro paura di vedere mutare il proprio corpo – si dovrebbe usare la stessa delicatezza e attenzione per spiegare che anche l'innamoramento è uno scompiglio che coinvolge tutti i sensi e muta per sempre la cognizione del proprio meccanismo fisico e mentale.

Da innamorati si vede meglio, si ascolta meglio, si accarezza meglio. Come i gatti si allertano davanti al pericolo, l'umano si esalta davanti all'amore. I felini tirano su il pelo, dilatano le pupille, sfoderano gli artigli, drizzano le vibrisse, inarcano la schiena, si mettono in posizione di fuga o di attacco: tutto il corpo è pronto allo scatto. Allo stesso modo l'uomo al cospetto dell'innamoramento esaspera le proprie capacità fisiche e mentali, comprese quelle predisposte alla fuga.

Tutto ciò non può non incutere timore. Delle tante paure che possono assillare i nostri adolescenti quella d'innamorarsi è tra le piú diffuse. Ricordo l'incontro con una liceale che si era dichiarata assolutamente spaventata da questa misteriosa esplosione di sentimenti. Alla mia domanda su come avesse pensato di regolarsi, mi aveva risposto: – Veramente mi sarei organizzata cosí: mi faccio piacere i ragazzi che non mi interessano tanto. Non mi mancano certo quelli sempre disponibili e scattanti come *chaperons*, pronti ad accompagnarmi ovunque desideri. Che poi restino o si stufino, poco m'importa. Ma al solo pensiero che ci possa essere uno che mi potrebbe far perdere la testa, scappo a gambe levate...

Che cosa terribile è stata insegnata a quella ragazza! Che innamorarsi è come entrare nelle sabbie mobili! Ma come si fa a voler rendere cosí deboli i nostri ragazzi? Innamorarsi è scuola di forza e di coraggio, non il preambolo alla fragilità: questo dovrebbero insegnare gli adulti.

Non è calcolo, ma al contrario la necessità di buttare il proprio cuore al di là dell'ostacolo. Che senso ha risparmiarsi con i sentimenti? Come si fa ad applicare un modello ragionieristico all'innamoramento? Lancillotto, consapevole dell'insana debolezza che nutriva per Ginevra, aveva trovato il coraggio di dichiararle che nonostante si sentisse frenato dal timore a gettarsi in quel vuoto non poteva trattenersi: «In fondo ho un solo cuore da perdere», le aveva detto con fantastico candore.

Non è semplice guidare i ragazzi attraverso l'esitazione e lo smarrimento dei primi amori, né insegnar loro a non tenere a bada inquietudini o esaltazioni. È piú facile per un genitore intimare di tornare non piú tardi dell'una di notte, piuttosto che interessarsi per capire come stia procedendo quel viaggio amoroso: è piú semplice chiedere «Dove sei andato?» piuttosto che «Come sei stato?» Questa domanda imbarazza un genitore: a volte teme di essere invasivo, altre di non aver proprio il coraggio di pronunciarla.

L'educazione sentimentale non passa attraverso un interrogatorio, non è l'inquisizione spagnola, ma è uno scambio d'esperienze. Un buon genitore sa che la vita affettiva è un lungo percorso, piú facile da intraprendere se si hanno informazioni e aspetta l'occasione per dire quello che ha provato a suo tempo e che pensa possa essere d'aiuto al figlio.

Senza giudicare ciò che fa e ciò che sceglie.

Senza neppure mettersi sullo stesso piano: chi educa deve sapere che tra sé e chi è educato deve esserci sempre un segno di distinzione.

L'educazione ai sentimenti è una grande occasione per crescere insieme piú consapevoli (non solo i figli, ma anche i genitori devono sapere di dover maturare attraverso le esperienze dei figli).

Il padre di un ragazzo, avendo notato le esitazioni del figlio nell'unirsi a tavola insieme alla famiglia, i silenzi, l'inappetenza – quel pallore che Ovidio sosteneva essere il colore del volto che piú si addice all'innamorato – gli si era avvicinato per invitarlo fuori una sera. Non era mai accaduto che quel papà esprimesse questo desiderio: di solito era occupato, lavorava fino a tardi e comunque non era mai capitato che decidesse di uscire solo con lui, escludendo il resto della famiglia. Quell'invito «speciale» aveva molto incuriosito il figlio. Si erano seduti al tavolo di una pizzeria e, senza fare alcuna domanda su ciò che stava accadendo al figlio, il padre aveva raccontato di quando era stato lasciato da una ragazza che amava. Aveva descritto il suo star male, le notti passate a rigirarsi tra le lenzuola. Senza indagare, aveva scelto la strada piú segreta: l'accompagnamento, ovvero la condivisione di una pena, di un sentimento. Il ragazzo si era sentito, proprio quella sera, piú figlio e aveva sentito suo padre piú padre, maestro.

Avere una cotta significa invaghirsi di qualcuno, qualcuno in carne e ossa, non di un divo del cinema. È l'attrazione per il ragazzo che ha un ruolo nel gruppo degli amici o con uno spiccato talento nello sport o fanatico per le moto o leader politico del liceo. O che ha due irresistibili occhi azzurri.

L'età classica della prima cotta coincide con l'esordio dell'adolescenza. È come se l'adolescente si fosse iscritto, senza saperlo, a un corso sull'amore la cui prima lezione è la cotta che, essendo impetuosa e poco profonda lascia spazio, spesso, a piú bersagli. Nella cotta infatti l'incertezza di essere ricambiati è totale e lacerante.

L'innamoramento non può essere compreso se non si passa attraverso la cotta, esperienza spesso frustrante, ma utile. Sono tentativi ed errori che aiutano a conoscersi, a toccare i propri limiti, a costruirsi gli anticorpi utili per sbagliare meno da adulti. Attraverso quei piccoli tormenti, l'adolescente scoprirà la strada del vero innamoramento.

L'infatuazione è un'esperienza veloce proprio perché è legata piú all'immagine che all'interiorità. Dura poco, a differenza dell'innamoramento, che richiede un po' di tempo per intuire che quella persona è diventata cosí importante da non poterne fare a meno.

Nella cotta la componente narcisistica è fondamentale.

Se una ragazza è attratta da un ragazzo ed è corrisposta, si sente piú forte, piú seducente, piú importante nel gruppo degli amici. Tuttavia la cotta non porta oltre: la vita dell'adolescente non viene messa a soqquadro, potrà sembrare un po' scombussolato da questa ondata, ma non si sente messo in gioco, riesce a mantenere il controllo.

L'innamoramento, invece, pone di fronte a un imprevisto che prescinde dalla volontà, penetra fino in fondo all'anima, pur restando avvolto nel mistero. Trasforma gli istinti in un'attrazione. Non ci s'innamora di un ragazzo solo per i suoi occhi, ma perché esiste qualcosa che non si riesce ad afferrare. D'altra parte come si fa a pretendere di analizzare ciò che non è scindibile?

L'infatuazione non va in profondità, entra poco nella pelle, ma serve, anzi è fondamentale. La crescita non può che avvenire secondo ciò che si è visto e ascoltato con i propri sensi.

Se non si facessero esperienze, anche superficiali, anche sbagliate, non si arriverebbe a capire e a rispondere a domande elementari riguardanti la conoscenza di sé.

Le cotte rappresentano i primi gradini dell'educazione sentimentale. E chi non avesse mai preso una sbandata sarebbe candidato a danni pressoché irreparabili in età matura.

Che cosa dovrebbe fare un genitore di fronte a un adolescente che ha perso la testa? Niente. Avere la grande qualità di esserci senza esserci, presente come dicono gli inglesi *on demand*, su richiesta.

L'invadenza crea sempre una reazione di distanza.

Inutile frugare nella borsa, controllare il diario, spiare nel cellulare. Bisognerebbe piuttosto chiedersi perché il giovane non ne ha mai parlato: un motivo ci sarà e anche questo va rispettato, capito, non giudicato.

Le cotte, come l'innamoramento, sono questioni assolutamente personali e un genitore non può pretendere di sapere, perché il rischio è di ottenere l'esatto contrario. La fiducia di un figlio si conquista anche inghiottendo bocconi amari di silenzi, di rifiuti. L'amore è spesso segreto, appartiene solo a sé. Alla mamma e al papà non si deve raccontare tutto, minuto per minuto, dettaglio per dettaglio.

Un genitore non deve interrogare il figlio per avere un resoconto. Dovrebbe invece rivolgere un interessamento differente, che riguardi il come sta la figlia quando è accanto a quel ragazzo e se si senta rispettata.

Sono domande diverse che aprono la strada a risposte diverse e a un rapporto diverso.

Quando ci s'innamora si soffre, inevitabilmente.

La domanda piú frequente che l'innamorato rivolge è: «Quanto ti sono mancato?» Che vuol dire: «Quanto hai sofferto per me?» E se la risposta è tiepida, vuol dire che anche il sentimento non ha piú sapore. Perché piú si sta male piú si è innamorati: è come una cartina al tornasole. Anche Proust nella *Ricerca del tempo perduto* annotava: «Spesso, per poter scoprire che siamo innamorati, forse anche affinché questo accada, bisogna che arrivi il giorno del distacco».

Pensare di innamorarsi senza patire è come pretendere di separare il tuorlo dell'uovo dalla farina quando s'impasta la sfoglia per le tagliatelle. Allo stesso modo non si può eliminare la sofferenza dall'innamoramento.

L'innamoramento è attesa, e in quell'attesa esiste tutto il dolore dell'incertezza e dell'insicurezza, ma anche tutta la profondità del nostro sentimento costituito da passione: è insita nella cosa stessa. Casanova diceva: «Il meglio dell'amore è quando si salgono le scale».

Passione è una parola forte. Viene dal greco *pathos*, indica il patimento spirituale: qualcosa di grandioso e tragico al tempo stesso. Nel linguaggio corrente riassume la capacità di suscitare emozioni e l'intensità con cui vengono vissute, contiene l'estremo dolore e l'estrema estasi, tant'è che utilizziamo questo termine sia per parlare della sofferenza di Gesú Cristo nella Via Crucis fino alla sommità del Golgota, sia per descrivere la notte piú travolgente ed eccitante della vita. Moravia annotava la similitudine tra l'espressione della donna al culmine del piacere dell'orgasmo e quella dell'annichilimento durante il parto.

Nell'amore convivono sentimenti contrastanti, a volte opposti; per imparare ad amare bisogna anche accettare l'idea che l'innamoramento comporti crescita e che nella crescita sia insito il dolore: allegria e tristezza sono sentimenti gemelli come le orecchie di un cavallo. L'amore è un percorso, un trasloco, qualcosa che allontana da una condizione conosciuta, perciò non rassicurante.

Doloroso per l'adolescente che lascia l'infanzia – periodo in cui gli venivano date tutte vinte e non aveva responsabilità – e vuol veleggiare verso l'età adulta dove s'intravedono i lumi della libertà. Man mano che s'avvicina a quel porto nuovo e favoloso, quel ragazzo s'accorge che oltre alle luci ci sono le responsabilità, e allora vorrebbe tornare indietro e regredire fino al seno rassicurante di sua madre.

Se un ragazzo o una ragazza a trent'anni ammettessero di non essere mai stati innamorati, significa che – non avendo mai conosciuto quella febbre – non sono ancora cresciuti.

La passione mette sotto carica la vita, la fa tendere come un arco, la fa esplodere. Senza di essa non si può affermare di conoscersi, né di essere maturati.

Un adulto sicuro di sé, capace di far fronte agli eventi senza farsi travolgere dall'imprevisto, certamente ha conosciuto quell'esperienza esaltante e dolorosa.

Viene spontaneo chiedersi se non si possa proprio evitare la sofferenza da innamoramento. Si può, a condizione che si voglia evitare di vivere. Pretendere di amare senza star male è come alimentarsi attraverso una flebo: non si muore, non si vive. Ci si nutre.

Oggi siamo ossessionati dalla conquista della perfezione dell'esistenza, in cui la sofferenza non deve esistere.

E siccome tutto ciò che è doloroso è anche faticoso, si tende a eliminarlo. L'agiatezza ha illuso di poter scalare le vette dei desideri senza sudore: anche l'innamoramento deve diventare facile, perfino programmabile.

Cosí viene sempre piú snaturato, assumendo le sembianze di un sentimento poco rilevante, eccessivamente «visibile».

I soldi, il benessere, l'idea che tutto sia acquistabile hanno prodotto uno scenario terrificante: la morte del desiderio. Se a un bambino si compra tutto, finirà per non desiderare piú nulla, non saprà cosa desiderare. Potrà maturare perfino il sospetto che quel sentimento sia inutile e dannoso proprio in quanto irrazionale. Un bambino cresciuto a non desiderare che adolescente diventerà mai?

Tutto rischia di ridursi all'apprezzare senza desiderare: un giochetto adolescenziale dove il patimento è risibile, indigesto. Anche la passione, in questo contesto, diventa un farmaco omeopatico. Probabilmente oggi pochi sono disposti a complicarsi la vita. La componente emotiva viene soffocata, alienata, limitata solo perché si ha paura che conduca verso la tempesta, l'esplosione dei sentimenti, l'urto delle passioni.

Eppure sono le fondamenta su cui si costruisce la casa della vita. Perciò è importante «imparare» l'amore, che significa, semplicemente, parlare, spiegare qualcosa di sé, accettare l'idea che è necessario riconoscere difetti, paure. Altro non sono che limiti che emergono lungo gli itinerari dell'innamoramento, quando si scopre quello che non si sa fare o che si sa fare male o che qualcun altro sa fare meglio.

Il patimento è tendere alla perfezione dell'amore attraverso le imperfezioni della nostra anima. Il dolore piú grande è sempre legato a ciò che non conosciamo.

Ci si ostina a capire, mentre si dovrebbe iniziare a sentire.

Per innamorarsi occorre saper «sentire»: sembra scontato, ma non lo è. È il sentire l'altro, l'aria, il mondo, se stessi.

Tutti abbiamo delle antenne, piú o meno raffinate, ma le abbiamo.

Esattamente come certi animali. Se si vuole instaurare

un rapporto con una bestia sensibile come può esserlo un cavallo, è necessario utilizzare cautela, avvicinarsi con gesti sicuri e lenti che non sorprendano mai questo magnifico esemplare di percezione.

Una sera d'inverno un'amazzone andava a prendere la sua cavalla per iniziare il lavoro nel maneggio. Non appena fatto il primo passo, poggiato semplicemente la suola dello stivale all'interno del lungo corridoio delle scuderie, la cavalla già riconosceva la presenza, si girava nervosamente nel tentativo di andarle incontro, con sempre lo stesso nitrito, quasi un richiamo. Non potendo oltrepassare la porta del box, emetteva un suono gutturale simile a una tosse sommessa e crescente. Sentiva l'incedere conosciuto. Solo a pronunciare il nome della cavalla, la bestia iniziava un dialogo incessante tratteggiato da un gemito trattenuto, quasi un canto. La cavalla riconosce il cauto modo di scendere nella sella, il contatto fermo e delicato nell'impugnare le redini. È un dono. Animali belli e sensibili. Nascono cosí.

Comunicare senza parole, attraverso i moti dell'anima, quando si è tristi o allegri.

Si sente che quella donna è diventata indispensabile. Si sente che in quel momento quell'uomo ama quella donna di piú, non c'è bisogno di dirlo, basta guardarsi negli occhi. Non è necessario capire: l'ossessione della razionalità uccide la sensualità.

L'innamoramento mette in discussione tutto, dalle convinzioni personali da sempre considerate definitive, ai principî, fondamenta delle nostre sicurezze. Potrebbe sembrare una rovina, ma non lo è. Se non avvenisse, non si sarebbe mai costretti a fare i conti con se stessi.

Vacillare costringe a rivedere le sicurezze, cercare un nuovo baricentro.

L'amore non ha nulla a che fare con l'autarchia, con la consapevolezza tracotante di potersi bastare. Come diceva Marguerite Yourcenar, il contrario dell'amore non è l'odio, ma l'indifferenza, la noncuranza.
L'indifferenza è un segnale inequivocabile. Piú della lite, del dispetto, del maltrattamento o del tradimento rivela che la storia fra due persone è finita. L'indifferenza non è telefonare con due ore di ritardo, ma dimenticare di farlo. Non succederebbe mai a una madre nei confronti del figlio, ma quando l'indifferenza prende il sopravvento può accadere e quando avviene significa che nei pensieri di quell'innamorato, il sentimento per quella persona si è stemperato, l'amore è diventato malinconicamente un sentimento come un altro, un'emozione solo nel ricordo.
Una vera e propria anestesia, antitesi dell'amore.

Non ci s'innamora sempre e necessariamente di una persona che interessa, nemmeno della migliore o della piú intelligente o piú scaltra. Il bello è che non sappiamo bene perché ci s'innamori.
A differenza dell'infatuazione, l'innamoramento porta un passo piú avanti. Nella cotta possiamo benissimo non identificarci nella persona che ci piace. Invece non può esistere innamoramento senza identificazione nell'altro.
Perché l'identità dell'una è rappresentata dall'altro. Ciò non vuol dire che ci s'innamora necessariamente e solo tra simili, ma che esistono dei condizionamenti sociali, cultu-

rali, economici che in qualche modo guidano verso un partner piuttosto che un altro.

Qualcosa nell'innamoramento assomiglia al tropismo, quel misterioso meccanismo biologico che fa ritrovare alle rondini il tetto dove l'anno prima hanno fatto il nido, che fa risalire ai salmoni le acque del Pacifico fino ai ruscelli della Scozia. Come facciano a orientarsi è misterioso, ma è lí che vanno ad accoppiarsi e in nessun altro posto.

Il tropismo, in sostanza, è una specie di calamita biologica che spinge in una determinata direzione che potremmo chiamare «affettiva». Allo stesso modo il tropismo psicologico fa sentire attratti, direzionati verso un tipo di persona piuttosto che un'altra.

Non mi riferisco a un'attrazione fisica, ma soprattutto a una seduzione dell'anima, quella che si chiama affinità elettiva.

Un parametro fondamentale per capire se un rapporto sia irrimediabilmente compromesso è costituito dall'assenza proprio di una comunione.

L'affinità non conosce razze, colore della pelle, spesso neanche religioni. Non è l'appartenenza etnica o culturale che conta.

Fondamentale è che – in qualche misterioso modo – il partner ci rappresenti. È necessario che qualcosa di lui o di lei si riveli all'altro, qualcosa che ci significhi anche solo in parte.

Né ci si deve stupire delle metamorfosi che l'innamoramento comporta. Il collezionista di automobili sportive che preferisce rispolverare la bici da corsa per raggiungere l'amata, la ragazza che soffre di vertigini che improvvisamente segue l'affascinante guida per scalare pareti a picco, il ragazzo che soffre di mal di mare che organizza la vacanza su barche a vela d'altura per guardare la velista, l'appassionato di fast-food che si ritrova davanti ai broccoli biologici al vapore per pranzare con l'agognata compagna di corso.

Quante volte capita di pensare che un'amica innamorata non sia piú la stessa? È vero, non è piú come prima perché l'incontro con «l'uomo giusto» ha portato a galla un aspetto che era latente e che ora la rende diversa agli occhi degli altri. Questo vuol dire sentirsi rappresentati dal partner. Non si tratta di un cambiamento dei nostri connotati psichici, ma di un magico evidenziarsi di componenti fino ad allora sconosciute e che diventano, magicamente, complementari.

Se cosí non fosse, non sarebbe innamoramento. Il problema è che, se per innamorarci dobbiamo identificarci nell'altro, significa che questo sentimento rischia di «giudicarci». Mi spiego.

Prendiamo il caso di un signore molto elegante nei gusti e nei modi, un vero gentiluomo, che s'innamora di una donna terribilmente volgare. Possiamo affermare che si sia davvero innamorato o che invece sia soltanto intrigato dalla componente sessuale che quella donna esplosivamente emana? Supponiamo che lei sia una ragazza giovane, vistosa, appariscente, attraente ed ecco che il nostro gentiluomo inizia a frequentare con assiduità locali alla moda per essere ammirato accanto alla bellona. A questo punto i casi sono due: o il gentiluomo non è poi cosí elegante oppure la donna non è tanto volgare. Forse non è delicata nel modo di vestire, ma ha una disponibilità d'animo che potrebbe non combaciare con l'aspetto esteriore. Approfondendo bene la conoscenza, il gentiluomo potrebbe avere colto la morbidezza e la femminilità che erano latenti.

Innamorarsi è una scoperta reciproca: vuol dire sentirsi rappresentati.

Esistono amori all'apparenza meno nobili. Vi sono donne che si legano a uomini potenti e quando qualcuno lo fa notare reagiscono scandalizzate, insistono nel ripetere che l'amore è amore. In realtà molte tra loro non potrebbero mai innamorarsi di un uomo senza denaro e senza potere.

Naturalmente è possibile nutrire sentimenti autentici anche verso chi ha ingenti conti bancari, tuttavia esiste una sottile distinzione da tenere presente. Se una donna afferma di innamorarsi solo di amministratori delegati di S.p.A., di centravanti di serie A, di partner di multinazionali, non ravviserei niente di male, il problema non sussiste. Equivarrebbe ad affermare che quella signora apprezza le virtú del signore di potere: coraggio, determinazione, intelligenza, furbizia. Ama uomini ambiziosi e aggressivi, quelli che tengono la barra del timone, da cui si sente attratta e rassicurata: anche lei tenderà a essere una persona di potere. Questo amore diventa meno nobile se alla domanda se sia innamorata di quel signore dovesse rispondere di nutrire un sentimento non argomentato, un «gli voglio bene» che sa di distacco.

Allora cambierebbe. In realtà, si serve di quel bel signore, che le permette di vivere nel lusso, di viaggiare, di possedere una carta di credito a disponibilità illimitata, di usufruire di vantaggi di cui mai avrebbe immaginato l'esistenza. È un ponte per arrivare dall'altra parte. Quell'uomo in realtà è solo un traghetto e l'innamoramento Caronte.

È un amore – al di là di ogni tentazione moralistica – un po' banale, perché ignora del tutto l'altro. In questi casi la quotidianità procede senza che ci si pongano domande, conta semplicemente il fare, l'andare, l'organizzare, non esiste una dimensione prospettica del sentimento, si vuole vivere solo il qui e ora.

Amore, amore, amore che poi degenera di colpo in un non sopportarsi piú ed entra in scena l'incompatibilità.
Un'incrinatura che non arriva all'improvviso.
Nella vita psicologica e relazionale niente si rivela all'ultimo momento. Spesso nella scelta di un compagno o di una compagna il limite è rimanere invischiati in rituali superficiali, dove non si pongono domande, sapendo bene che è meglio non scavare troppo. Ma intanto il rapporto continua, ingaggia una sfida, costringe ad andare un po' piú a fondo, a un certo punto obbliga al confronto e allora bisogna prendere atto che ci si trova davanti a una persona conosciuta poco e male.

Il guaio è sempre lo stesso: non si è abituati a sentire, ma semplicemente a fruire, dunque si finisce per procrastinare, per scoprire troppo tardi che non ci si sente affatto rappresentati l'uno dall'altra.

Se si fossero gettate le fondamenta quell'edificio sarebbe stato solido, cosí come, parafrasando l'evangelista Matteo, l'uomo saggio costruisce la casa che pur cadendo la pioggia, stranipando i fiumi, soffiando i venti non crolla perché fondata sulla roccia. Crolla invece quella fondata sulla sabbia.

Se si fosse avuta maggior confidenza con i nostri sentimenti si sarebbe, in ultima analisi, sofferto in misura minore per la delusione.

Nulla impedisce che un uomo piaccia solo per la sua bellezza fisica o per lo *status* che rappresenta o perché fa trascorrere serate divertenti. L'importante è non fare confusione e chiamare questo con un termine appropriato.

Gli anglosassoni usano l'espressione *falling in love* con molta parsimonia, *I like* con grande facilità: esattamente come nella vita. Ma oggi il confine tra «mi piace» e «sono innamorato» è molto labile e il lessico corrente non fa che aumentare l'ambiguità.
Dopo tre giorni, una donna ha già l'appellativo di «tesoro», cui magari segue un semplice, fugace appuntamento. Un uomo viene chiamato «amore» già dopo un paio di week-end. Difficile che si lasci che il tempo, e non solo il tempo, dia significato alle parole «tesoro» e «amore».
A volte anche in amore si segue piú la testa che il cuore. Senza accorgersene si scivola piano piano dal sentimento al ragionamento. Si valuta, si ragiona, si calcola e si dimentica che innamorarsi è come camminare sulle sabbie mobili, tutto è a rischio. E la prova che ci si stia innamorando è che non si teme di rischiare.
Parrebbe un inno alla sragionevolezza. Ma l'innamoramento è sragionevole, non va d'accordo con la misura. Se si comincia a calcolare quanti chilometri bisogna fare per andare a trovare la propria ragazza al mare, i conti non possono tornare: l'innamorato non li calcola, li fa e basta.
Per questo molti sostengono che l'innamoramento sia materia riservata ai giovani e non agli adulti. I quali spesso se non hanno il perfetto controllo della situazione stanno ben attenti a prendere decisioni. Anche se potrebbero essere le migliori della vita. Perché è proprio quando si ragiona che si dicono frasi banali e si fanno azioni mediocri, mentre nello slancio, sull'onda di emozioni vere si riesce, spesso, a dare il meglio di se stessi.

Quell'impeto non è un'esclusiva della giovinezza, si può essere «impetuosi» pure a sessant'anni, si è liberi di innamorarsi a tutte le età: anche se a volte è tardi.

In passato succedeva solo di rado che il nonno scappasse con la domestica: erano scandali sullo sfondo di una tranquillità borghese, non rappresentavano segni di cambiamento. Qualcuno potrebbe supporre che i motivi di oggi poggino sull'allungamento della vita, o, ancora, che sia il prodotto di qualche miracolosa pillola chimica.

Il motivo è piú complesso.

L'innamoramento è sempre stato considerato come il prologo di una commedia che si concludeva con il matrimonio. Nel senso che alle presentazioni famigliari seguiva il matrimonio e si mettevano al mondo i figli. Se poi si accendeva la scintilla tanto meglio, ma non era indispensabile, l'importante era avere una famiglia con prole, ovvero la garanzia di una sopravvivenza: cosí per lungo tempo i figli coltivavano i campi, lavoravano nella bottega di famiglia. Fra le nostre nonne erano poche quelle che potevano dire di avere veramente perso la testa per il marito. L'amore era piú un accomodamento famigliare. L'accordo era volersi bene, aiutarsi.

Quando la vita non è piú stata cosí difficile, ma è diventata piú piacevole, arricchita da opportunità e occasioni, quando si è cominciato a capire che per sopravvivere non si doveva piú combattere col destino, che il cibo era sufficiente per oggi e anche per domani, tutto è cambiato. Una ragazza non ha piú avuto bisogno di «sistemarsi» per sopravvivere, perché è stata in grado di mantenersi da sola, tanto quanto un ragazzo.

Da quel momento la famiglia ha cominciato a formarsi su basi diverse e l'innamoramento, che era solo questione giovanile e per di piú un optional, ha conquistato finalmente il suo spazio. Abbiamo piú tempo per le emozioni, finalmente.

All'epoca di mia nonna era impensabile che una donna lasciasse il marito per la scomparsa del sentimento che la teneva legata a quell'uomo. E se qualcuna pensava di andarsene era trattenuta dalla morale. Se tutte lo avessero fatto, la comunità sarebbe crollata.

Oggi molte donne fanno questa scelta e non crolla niente. Quando ero al liceo nella mia classe uno solo era figlio di divorziati, oggi i ragazzi che vivono soltanto con la mamma o con il papà sono circa la metà.

In trent'anni è cambiato il mondo perché è mutata la necessità e con la necessità è cambiata la morale.

Una generazione era figlia del matrimonio, quella successiva del divorzio.

Insieme al benessere che ha procurato vitamine e agi, si sono acquisiti tanti altri diritti, fra cui quello meraviglioso di innamorarsi a tutte le età senza preoccuparsi delle conseguenze. Non è un caso che un numero sempre crescente di separazioni e divorzi sia fra le persone anziane, proprio perché il benessere è arrivato fino a quella generazione. Può sembrare banale, ma è cosí. Quando si hanno due case è piú semplice per la moglie comunicare al marito che quel matrimonio dopo anni di sopportazione è arrivato al capolinea. E soprattutto, lei si sente libera di innamorarsi di nuovo.

Accanto alle passioni esistono amori non carnali, sentimenti che rimangono astratti, lontani eppure vicinissimi, perché riempiono occhi e cuore. Nascono sul palco di un concerto, al cinema, davanti al televisore, in un'aula scolastica, s'incarnano sulla T-shirt, su un poster, sul desktop del computer, tra le pagine sgualcite di un diario. Sono infatuazioni per qualcuno piú grande, piú bello, piú bravo, piú coraggioso, irraggiungibile: il leader politico, il cantante, il professore, l'attore. Il tentativo è trasformarli in eroi, in personaggi mitici: rappresentano un ideale, una visione che si vorrebbe per sé, che misteriosamente attrae.

L'infatuazione che lega in modo irreale una persona in carne e ossa a un'altra idealizzata risponde a una necessità di appartenenza, utilizza l'amore per acquisire identità. La ragazza che si prende delle cotte naviga facilmente tra un ragazzo e l'altro, quella che si prende un'infatuazione per un cantante hip-hop difficilmente la settimana seguente preferirà Claudio Baglioni.

Quando si è ammaliati dal leader, il bisogno d'appartenenza si potrebbe tradurre, anche da adulti, nell'infatuarsi per imprese ideali. Penso a quante siano state le donne innamorate di Garibaldi: ammirate dell'eroe, dell'uomo forte e invincibile (magari a fianco avevano un pavido timoroso della propria ombra).

Quindi la seduzione nasceva dalla tensione di far parte di quell'impresa. Le donne che si sono innamorate di Mussolini, di Hitler o di Churchill volevano semplicemente condividere quell'idea, quella battaglia, quell'ideale. Oltretutto non dovevano far niente, nemmeno andare in guerra. Quelle infatuazioni rappresentavano il bisogno di confondere i propri sentimenti con un'idealità, di far uscire l'amore da una gretta quotidianità e portarlo fino al cielo.

Generazioni intere hanno perso la testa per «Che» Guevara. Oggi è diventata un'icona su una T-shirt. Si diventa mito se si è imprendibili (come i morti), irraggiungibili, non fruibili se non attraverso il sogno. Quanto piú è lontano e improbabile, tanto piú è santificato, tanto piú il personaggio diventa affascinante, esaltante. Questa singolare fascinazione, che innamoramento non è, nasconde un bisogno di misticismo, la necessità di adorare colui il quale si riveli superiore alla natura umana, alla nostra quotidianità. In termini meramente laici, l'effigie del Cristo rappresenta un grande rivoluzionario come quella di Madre Teresa, compassionevole benefattrice, piccola matita di un disegno universale.

In ultima analisi, attraverso una figura o un'immagine capace di alimentare una speranza e di rievocare le gesta di quel personaggio o di quell'icona, l'infatuato tende inconsciamente al proprio miglioramento.

Alcuni pensano giorno e notte al cantante rock. Miti quali Vasco Rossi o gli U2 rappresentano idee, desideri, sogni tipici delle generazioni dei loro fan. La ragazza che si alza alle sei di mattina per raggiungere la fabbrica in cui lavora, cerca di uscire dal grigiore della vita di tutti i giorni, dalla sua anonima quotidianità, amando un uomo che nell'immaginario non è solo un cantante, ma un eroe. Quell'evasione le darà l'illusione di rappresentare la vita, anche se solo per la breve durata di un concerto, come vorrebbe fosse e come teme non sia.

Le infatuazioni, infatti, sono delle parentesi. Funzionano come il Carnevale che autorizza a folleggiare una settimana per accettare di restare buoni per il resto dell'anno. Quando si compra la T-shirt di Vasco, il tentativo è quello di appartenere a Vasco, di far parte di un colore, di una sciarpa, di una bandiera che aiutino a resistere meglio in una vita che altrimenti si ripeterebbe monocorde. E il concerto, le notizie che appaiono in Internet o che escono sui giornali, il Cd o il Dvd con le canzoni da condividere con il partner riempiono la quotidianità come i canditi un panettone.

Alla base di un'infatuazione quindi c'è una corrispondenza di pensiero, di aspirazioni, di linguaggio. I giovani non s'infatuano dell'uomo Vasco Rossi ma del suo modo di essere, di fare, di esprimersi, condividono le trasgressioni contenute nei testi delle sue canzoni. Si tratta di un'adesione culturale.

Perdere la testa per il «prof» è un «classico». Accade in quanto viene vissuto come una persona autorevole, ieratica, affascinante. Si concede, ma sa anche sottrarsi al momento giusto, con quella calibrata vicinanza contestuale a una lontananza. Sa esprimersi con padronanza di linguaggio, incantare anche nelle pause con silenzi mozzafiato. Dalla notte dei tempi, spesso l'insegnante è un personaggio molto amato soprattutto dalle studentesse, che identificano nel professore l'uomo che rassicura. La ragione di questo tipo di infatuazione non credo dipenda, come spesso è stato sostenuto, dalla mancanza della figura paterna, piuttosto dalla latitanza di una figura magistrale nella vita di quello studente.

La figura paterna nella cultura cattolica non è stata quasi mai molto presente, mentre, ad esempio, in quella ebraica questo vuoto è meno rilevante. Nella nostra tradizione quel padre era una figura che si alzava presto al mattino e rincasava tardi la sera stanco ed esausto; anche nelle famiglie borghesi, dove pure era un riferimento culturale, lo si vedeva solo ai matrimoni e ai funerali.

La figura «magistrale» era – forse per un'inconscia forma di compensazione – piú presente di adesso. Alla scuola elementare s'incontravano i maestri, figure oggi quasi sconosciute: gli insegnanti maschi non sono che una piccola minoranza. Un tempo, in mancanza del papà, assieme magari al nonno o allo zio artigiano con la bottega sotto casa, sopperivano alla necessità di rapporto con un adulto autorevole.

Nel corso del secolo passato si è iniziato a mitizzare i divi del cinema, rispondenti a sempre nuovi canoni estetici. Di solito, però, questa «sbandata» non va oltre l'ammirazione fisica, al massimo si sofferma sullo sguardo. In fondo, il contenuto dell'anima di quell'uomo o di quella donna bellissimi non interessa. È il sogno estetico allo stato puro e finché si resta in questa fase non scatta nessuna identificazione.

Ma siccome i grandi attori hanno qualcosa che va oltre la forma fisica, ecco che in questi personaggi s'intravede un aspetto che appartiene anche a chi li ha trasformati in oggetti di attrazione.

La malizia di George Clooney, lo spirito canaglia di Johnny Depp, l'ambiguità di Jeremy Irons, la forza di Russell Crowe, la spavalderia di Brad Pitt conferiscono all'infatuazione un valore aggiunto anche se non riescono a trasformarsi in amore mitico. A meno che non succeda l'ineluttabile, come la morte prematura che fa diventare quell'attore eroe. Mitici come Marilyn Monroe, Kurt Cobain, Jim Morrison. E prima di loro Elvis Presley e Bob Marley.

Le morti delle star, soprattutto se tragiche o misteriose, le trasformano in miti che suscitano attrazione proprio perché distanti, non fruibili.

Sembra un paradosso, ma gli amori on line sono molto più reali di quanto s'immagini.

Anziché andare in giro per discoteche e pub a cercare l'anima gemella, c'è chi si mette davanti al computer e comincia a chattare. In questo modo fa nuove conoscenze e magari incontra anche la persona giusta: effettivamente le probabilità sono piú alte che al bar (nel locale di rito si fa piú fatica, bisogna esporsi, mentre on line l'accesso è rapidissimo e ripara dal giudizio altrui).

Nonostante l'evoluzione tecnologica consenta di inviare immagini, è ancora possibile mantenere l'anonimato, almeno per i primi tempi. Ciò permette di inventare un'esistenza, una nuova identità da comunicare successivamente via etere. Se la realtà non è abbastanza avvincente, oppure non si ha una buona considerazione di sé, si può raccontare, ad esempio, di essere uno scrittore di gialli, un guardiano del faro su una qualche penisola a picco sul mare.

Tuttavia, mentre il leader, il cantante, il professore riuniscono il bisogno di un ideale, di una guida, di un maestro, in questo caso l'elemento essenziale è spesso l'autosvalutazione. Equivale a sostenere che da soli non si è nulla, non si viene scelti, mentre recitando una parte le possibilità di essere presi in considerazione aumentano.

Certo, se si racconta di avere una Jaguar o di andare a Ibiza con l'aereo privato nessuno abboccherà, ma se le «bugie» sono plausibili può anche accadere qualcosa di piacevole.

Normalmente l'incontro avviene dopo un lungo «fidanzamento virtuale» che ha un notevole vantaggio rispetto alla realtà in cui non si racconta granché o si scambiano solo frasi fatte: il dialogo on line gode di una singolare autenticità. Se un ragazzo chatta tutte le sere con una coetanea, dopo aver scritto qual è la squadra del cuore, dovrà pur esternare dell'altro affinché la ragazza resti in contatto. E alla fine svela un po' di sé, rivolge domande, impara a conoscere quella ragazza come una persona e non piú un'aliena.

Le relazioni faccia a faccia contemplano a volte superficialità, quelle virtuali, paradossalmente, meno. È pur vero che si può mentire e si può costruire una personalità che non esiste, un falso, tuttavia quest'identità, frutto dell'immaginazione, è un'invenzione parziale. Nasce e cresce con le proprie aspirazioni, dalla necessità di voler essere qualcun altro. Quindi poggia sulla realtà e, soprattutto, esprime una parte interiore, nascosta nell'anima.

Spiegare on line come si è fa bene, è una piccola terapia, una cura attraverso la parola e l'ascolto che soddisfa un'esigenza, quella di far risaltare solo certi aspetti della propria personalità a scapito di altri, oppure farsi credere completamente diversi da quello che si è.

Qualche anno fa è stato condotto un esperimento nel liceo di una grande città. Un gruppo di adolescenti ha avuto in dotazione un computer con scanner dove mettere una propria fotografia, con l'invito a trasformare ciascuno la propria immagine: il grado di accettazione di sé è risultato minimo, quasi tutti cambiavano sesso.

Anche per gli adulti è cosí: molti vorrebbero essere diversi, avere un'altra identità. Come a dire che, se si vuole pescare, si deve cambiare sempre esca perché quella che si ha non funziona.

In piú nel mondo on line tutto ciò si può ottenere senza fatica. Per questo i giochi virtuali possono anche far bene. Chi non ha molte relazioni, scarse occasioni d'incontro, rare possibilità di uscire dal ristretto gruppo di amici o semplicemente soffre la limitatezza del mondo che frequenta, torna a casa e si mette al computer. Non si può paragonare il vissuto reale e quello che la virtualità gli offre. Sono illusioni che si aggiungono a quelle già insite nella vita quotidiana. È anche un modo per manifestare il lato piú autentico, un modo naturale per combattere la solitudine. Una volta la si scongiurava andando a letto presto o leggendo montagne di libri, adesso le distanze si sono accorciate e i nostri strumenti tecnologici ci mettono in comunicazione con il mondo intero. Reale o virtuale? Che differenza fa? Tuttavia, se non è solo un giochino e si sta cercando un partner, gli orizzonti lontani non sempre interessano: anche qui è necessario non solo sentirsi compresi, ma si vuole essere sicuri che, qualora si decidesse di conoscere il partner virtuale, si possa incontrarlo nel locale preferito il giorno seguente. Eppure non tutti vogliono uscire dall'anonimato, qualcuno preferisce restare sul piano della fantasia.

Alcuni sostengono che il «virtuale» sia una sottospecie di «amor placebo», scaturito dalla suggestione: il desiderio sembra aver preso il sopravvento e il rischio è scambiare per amore quel che amore poi non è.

Non è certo detto che tutte le unioni nate da una tastiera debbano finire prematuramente: e questo proprio perché piú collaudate di quelle sbocciate davanti a un frozen margarita o tra le luci stroboscopiche di una discoteca, incontri che spesso si esauriscono o si bruciano in un breve approccio in cui si chiede il nome e il numero di telefono, cui segue l'invito a uscire la sera seguente.

La chat è una metafora: la grande occasione, il treno che passa. Ed è un treno bello, al di là dei limiti che avrà.

Anche l'innamoramento piú travolgente a un certo punto finisce. Finisce perché cresce e diventa altro: a volte infatti si trasforma in amore.

Non è un passaggio, ma un cambiamento di stato. E come in tutti i cambiamenti qualcosa si perde, qualcosa si guadagna. Si fanno meno follie, si diventa piú razionali, si perde quel girotondo di emozioni che non potrebbe durare in eterno perché brucerebbe tutte le energie e si comincia a capire in modo piú approfondito chi è l'altro. Quel tumulto rende anche piú consapevoli di ciò che è accettabile e di ciò che invece convince meno.

Adesso il partner piace sul serio. Si comincia a conoscersi reciprocamente davvero, con meno ansia.

Questo è il ponte che dall'innamoramento porta all'amore, ovvero la fiducia di potersi affidare all'altro.

Molti, tuttavia, fanno fatica a fidarsi. Si fermano prima, hanno paura della profondità dei sentimenti. Forse non hanno mai conosciuto l'amore vero, sicuramente non vogliono affrontarlo. Per questi è sufficiente essere amati e non amare, essere cercati senza dover essere disponibili. Nutrono vanità e bisogno di conferme. Sono persone che soffrono del complesso di Peter Pan: un'immaturità che va ben oltre la giovinezza, tipica di uomini adulti che non compiono mai il grande passo, quelli che odiano il «per sempre», quelli che l'età che avanza non porta maturità ma invita alla fuga. Perché l'amore profondo e maturo è considerato sinonimo d'invecchiamento.

Il fatto sorprendente è che stanno comparendo nuovi gruppi di Peter Pan anche al femminile. In compenso emergono nuove figure di giovani uomini che vogliono sposarsi e avere subito dei figli.

Insomma, non sempre è facile «incontrarsi». Anche perché l'amore vive attraverso tanti sentimenti diversi, a volte contrastanti e travagliati: eppure scoprirli è appassionante. È un po' come assaggiare una torta millefoglie: al primo strato apprezzi la crema al limone, al secondo quella all'arancia, al terzo il cioccolato. Cosí si creano coppie affiatate: innamorati di Peynet che dopo cinquant'anni si tengono ancora per mano. A conservare unite queste coppie sono il senso di solidarietà, di fraternità, il venirsi incontro, il capirsi con uno sguardo.

Il passaggio dall'innamoramento all'amore è naturale, ma non per questo automatico. Si può desiderare, tuttavia solo pochi vi riescono. Alcuni si svincolano a ogni costo perché ritengono sia un legame troppo stretto. Alcuni sbagliano sempre tutto. Alcuni non si fidano e non sono disposti a lasciarsi conoscere. E poi c'è chi s'innamora troppo e chi s'innamora poco.

L'immagine dei bambini che giocano sulla spiaggia può scaldare il cuore di qualcuno, mentre raggela chi cerca un rapporto meno tradizionale. Nel primo caso, l'innamoramento si trasforma in amore famigliare, nel secondo appartiene a una persona che vive piú volentieri in una roulotte che in una casa. Uno spirito nomade, com'è nomade il suo modo di amare. Non può certo affermare di non essere capace d'innamorarsi, anzi, è solo capace di innamorarsi, ma non di arrivare all'amore, perché lo renderebbe stanziale. Persone cosí sono inafferrabili, s'innamorano continuamente ma, in realtà, amano altro. In particolare, l'idea di essere amati. Tendono a non innamorarsi mai di una persona impossibile, devono sentirsi ricambiati, per costoro l'innamoramento è un sentimento che deve «rendere» subito. E passano vorticosamente da un partner all'altro: sono dei narcisisti, aspiranti Casanova.

Mettiamo il caso di una donna che abbia una grande passione per la sua professione. Fa l'insegnante con grande impegno, è molto apprezzata, ha un ruolo sociale riconosciuto. Nel momento in cui intravede una sorta di conflitto tra il suo mondo professionale e il suo mondo affettivo, deve operare una scelta. Orientata controcorrente, comincia a pensare che gli uomini possano essere funzionali alla vita che conduce e non un obiettivo, essere strumenti, non mete. Tende a innamorarsi spesso, con un'intensità volutamente superficiale. Frenata, non osa andare oltre, non si concede piú di tanto, alcuni futili dettagli la bloccano. Da quel momento in poi, inizia a fare l'elenco dei difetti del partner e a sottolinearli. Sarà la migliore giustificazione per chiudere il rapporto. Un'altra al suo posto darebbe per scontato che qualche limite conviva con ogni essere umano, ma questa donna blocca qualsiasi possibilità. A volte inventa una vita affettiva, uscendo una sera con le amiche, conosce un tipo interessante, si lascia solamente sfiorare da quella sensazione, eppure la mattina dopo non si alza col pensiero di lui, ma con quello della lezione da preparare. Per lei è difficile fermarsi, dedicarsi sul serio a qualcuno. Il partner è solo uno specchio in cui riflettersi. La costante è rappresentata dalla convinzione di essere una persona di valore, l'oggetto di questo tipo di amore è solo uno strumento. Questo atteggiamento si perpetra, come l'avvicendarsi degli accompagnatori.

Coloro che annoverano un lungo elenco di infatuazioni e che si innamorano quasi di continuo, in realtà non sono dei grandi amatori.

Il grande amatore non ha tanti partner, ma pochi. Se cosí fosse, innamorarsi diventerebbe una costrizione, sarebbe una dipendenza da stupefacenti emotivi con dosi necessariamente sempre piú pesanti.

Gli eterni innamorati non assomigliano a Casanova che, contrariamente all'opinione comune, in una vita ha contato pochi veri amori, ma piuttosto a Christiaan Barnard, il celebre cardiochirurgo sudafricano, che man mano che invecchiava si trovava una moglie sempre piú giovane, piú bella e piú ricca della precedente.

La bellezza è il chiodo fisso di queste persone.

È facilmente apprezzabile e poco impegnativa, basta guardare.

Proust scriveva: «Lasciamo le donne belle agli uomini senza fantasia». Infatti, per apprezzare l'intelligenza è necessario un po' di sforzo, per la bellezza molto meno.

Molte donne, cosí come tanti uomini, sanno benissimo di avere dei partner stupidi ma belli. Li scelgono perché vogliono dominare. Quando non sopportano piú la loro presenza, si tuffano a capofitto nella ricerca di qualche altra emozione e li escludono.

Da come ci s'innamora si può stabilire da chi siamo stati amati. Alle spalle di quelli che fanno fatica a innamorarsi ci sono sempre dei genitori che hanno lasciato un segno preciso. Per comprendere meglio questo punto, credo sia utile estremizzare il concetto e suddividere l'amore tra genitori e figli – come ho accennato in un mio libro – in due categorie distinte.

L'amore latino è quello che lega il figlio o la figlia a una mamma chioccia, che li tutela in tutto e per tutto, sempre molto accogliente. Naturalmente questo rapporto dà gioia, ma anche dolore, perché si crea un fortissimo vincolo di reciproca dipendenza. Si vorrebbe scappare, ma non si può perché quell'amore è piú potente della forza necessaria per fuggire.

Due alberi che sono stati piantati troppo vicini non potranno mai crescere. Cosí succede ai figli che non possono maturare sotto le ali della propria madre. Siccome la presenza della mamma non viene mai meno, va a finire che non riesco a immaginare una vita senza di lei. Da adulti troveranno delle figure simili oppure penseranno che nessuno potrà mai sostituire quella figura. Ci provano di continuo, ma altrettanto facilmente abbandonano il campo.

Questo tipo di amore può caratterizzare anche il rapporto con il padre. Un uomo seduttivo, carismatico, che sminuisce tutti i fidanzati della figlia. Nessuna curiosità nei confronti del ragazzo che la figlia frequenta. Il suo messaggio è inequivocabile: nessun uomo potrà mai reggere il confronto con me. Questi uomini sono dei grandi plagiatori. Esercitano fascino, potere, seduttività, a volte lasciano anche intravedere la presenza di altre donne fuori di casa. Il che equivale a dire alla figlia che potrebbe essere la migliore delle amanti, la preferita dell'harem del padre.

È importante capire cosa succede una volta che quella ragazza diventa grande. Già nell'adolescenza avrà un pessimo rapporto con le compagne. Entra in competizione perché vede le donne come un pericolo, sono quelle che possono «portarle via il papà». Piú avanti cercherà di ottenere, attraverso i fidanzati, l'attenzione del padre. Non cercherà un uomo che le piaccia, ma uno che potrebbe piacere al padre o addirittura competere con il padre. Non a caso queste ragazze percepiscono immediatamente che i coetanei non valgono granché e cercano partner piú maturi. Non potendo ammettere di essere innamorate del padre, amano, attraverso uomini piú grandi, un surrogato paterno. E poiché non ci si può innamorare di due uomini contemporaneamente, finché il padre è vivo s'innamorano pochissimo, perché nessuno può reggere il confronto con lui.

Naturalmente si tratta di casi speciali: la maggioranza delle ragazze sono amate dal padre e non costrette a fare continui paragoni.

Se l'amore latino è soffocante, quello glaciale, la seconda categoria, sembrerebbe liberatorio. In realtà non è cosí. L'amore glaciale è responsabile di un senso d'abbandono, ovvero di una cronica insicurezza che rende difficile il vero amore. È quello che vediamo in tante famiglie dell'alta borghesia in cui la mamma è occupata da mille cose e lascia i figli alla bambinaia: non mangiano mai a tavola con i genitori e a tredici o quattordici anni possono già fare una vita quasi adulta. Una falsa crescita nell'indipendenza, nell'autodeterminazione. In questi casi si mette a rischio un'esperienza fondamentale della vita, l'attaccamento. E ciò non potrà che avere delle conseguenze sul corretto sviluppo dell'imparare ad amare. Da un lato quest'esperienza potrà suscitare grande diffidenza, ogni relazione sarà come il fumo negli occhi e si arriverà quasi a odiare l'idea stessa di rapporto. Dall'altro rischierà di essere caratterizzata da una ricerca ossessiva di affetto, un'ostinazione a procurarsi l'amore che è mancato.

Perciò la bambina che ha sofferto di abbandono, una volta adulta, pur di avere amore, se lo inventerà e cercherà di legarsi a uomini impossibili. Si convincerà di poter salvare il mascalzone peggiore del quartiere e se ne innamorerà, sapendo benissimo che verrà usata, trattata male. Quel tipo di canaglia non chiamerà per giorni dopo aver fatto l'amore e, quando la incontrerà al bar, neanche la saluterà. Poi il giorno in cui si sente solo, la cerca. E lei correrà, perché già affetta dalla «sindrome della crocerossina».

Molte donne si comportano in questo modo perché hanno uno smisurato bisogno di quell'amore che non hanno avuto da bambine. Perché non riescono a starne senza. In ogni caso si fanno molto male, si privano della gioia di vivere. Quel piccolo vantaggio dell'indipendenza goduta durante l'infanzia e l'adolescenza, sarà pagato con il grande svantaggio di una bulimia sentimentale che continuerà a ripetersi, senza far tesoro dell'esperienza.

Ogni bambino che viene al mondo, inconsapevolmente, traduce quello che vede, che sente intorno a sé in un solo termine: «amore». Questo è piú importante del latte che succhia. Non sa nulla dell'amore, ma lo adatta a tutto ciò che vive. Due persone che litigano, per quel bambino, sono amore, perché dentro le urla c'è una componente intima, famigliare che riconosce e continuerà a riconoscere per il resto della sua vita. Quando gli capiterà di essere trascurato o maltrattato, interpreterà tutto ciò ugualmente come amore. Da adulto, imparerà il significato delle parole, saprà che l'urlo è urlo. Ma il senso dell'amore fatalmente riemergerà e andrà a cercare amore anche nelle persone che non sono capaci di donarlo e viverlo.

Altrimenti come interpretare quelle donne che, riferendosi a dei violenti che frequentemente le percuotono e le maltrattano, li chiamano «i miei amori»? Che, pur cambiando partner diversi, alla fine scelgono chi continua a picchiarle? A guardarlo da vicino, quell'uomo assomiglia terribilmente al padre violento. Sembra banale e riduttivo, eppure è con questo atteggiamento che si va a cercare un compagno. E ciò vale anche per comportamenti meno vistosi, ma che fanno ugualmente male, come il partner debole, superficiale, donnaiolo, indifferente ed egoista e che ha sempre alcuni aspetti in comune con la figura paterna.

Il vero danno non è ciò che succede prima, ma ciò che si ripercuote nell'intero arco della vita. All'inizio sono tollerabili anche le urla, le sberle, tante cose che poi vengono superate. Ma quando a quella difficoltà il bambino abbina la parola amore, andrà sempre a cercare qualcuno che urli come il papà o come la mamma. E lo troverà.

Può capitare. L'innamoramento finisce di crescere, diventa routine, non riesce a compiere il passaggio verso l'amore, tutto quello che sembrava magico diventa quotidiano, perde smalto. E si spegne. A volte, purtroppo, si ferma a metà nel senso che non evolve, ma nemmeno si chiude. Questo è il vero pericolo: non si passa all'amore, ma nemmeno si riesce a dare un taglio definitivo al rapporto. E allora può scattare una trappola mortale, pur di evitare la solitudine ci si fa bastare ciò che non dovrebbe bastare piú, ciò che non è logico né dignitoso e nemmeno conveniente. Non è nulla.

Non ci sarebbe niente di male nel mantenere vivo un legame per convenienza economica. Si fanno tante scelte per interesse. Invece, tante relazioni non si basano nemmeno sull'opportunismo, ma soltanto sulla paura di dover ricominciare da soli, sull'angoscia di tornare a casa e trovare le luci spente. C'è chi si accontenta anche solo di una lampadina accesa, pure se di acceso nel rapporto non è rimasto altro.

Sono situazioni senza senso, quotidianità svuotate e il guaio è che spesso ci si abitua al non senso. Se durante l'infanzia non si è ricevuto affetto, quel vuoto è già conosciuto, è un'abitudine e non fa paura. Cosí si percorre il tunnel in cui tutto può bastare, senza nemmeno accorgersi di ciò che vale e di ciò che si perde.

Ecco il motivo per cui è importante conoscere le emozioni, i sentimenti: aiuta a formare gli anticorpi. Non sono mai troppi, prima si è in grado di capire che quello è un vicolo cieco, meglio è. Anche se le luci spente in casa mettono angoscia a tutti.

Educare ai sentimenti e autoeducarsi è costruire dentro di sé un motore psicologico capace di far fronte agli eventi belli e brutti della vita. A volte un evento bello può abbattere o spaventare.

Questo motore funziona magicamente quanto piú sono stati coltivati nel proprio essere gli anticorpi psicologici. Si formano esattamente come quelli biologici, attraverso l'assunzione di piccole dosi di tossine, come i prodotti omeopatici. In altre parole, il dolore, la frustrazione, il 4 in italiano, il no del papà, la sberla, il rimprovero del nonno, il piccolo abbandono: sono tutti eventi che aiutano a crescere. Mentre sono deleteri tutti i tentativi che i genitori mettono in atto per tutelare i figli da qualsiasi contrattempo.

Premessa strettamente collegata con l'innamoramento. Quel tumulto dell'animo, quello scompiglio che ho a lungo analizzato, mette a nudo la macchina psicologica. Se gli anticorpi sono sufficientemente forti, si cresce senza l'ossessione che un amore possa finire e anche l'angoscia dell'abbandono si stempera. Non si verrà presi dall'angoscia al solo pensiero che all'indomani quella telefonata potrebbe non arrivare.

Un conto è dispiacersi, un altro precipitare nel pozzo della disperazione. In questo caso imparare a vivere le esperienze emotive è come dotarsi di un paracadute. Piú è grande, piú colori ha, piú è efficace. E l'occasione per il collaudo diventa proprio l'innamoramento.

Se si supera la prova senza farsi travolgere, significa che ci sono stati dei bravi genitori, dei bravi maestri. Perché un bravo educatore è un istruttore di volo. Arriva un momento in cui si deve sedere sul bordo del nido e guardare l'allievo volare da solo: l'occasione migliore è quella dell'innamoramento, per provare a se stessi che si è imparato a volare.

A volte ci sono profezie che si autoavverano, soprattutto quando uomini e donne soffrono per amori non corrisposti proprio perché vogliono questi rapporti. Può sembrare paradossale, ma cercano un sentimento non ricambiato, s'infilano in situazioni in cui lo spazio non esiste e ciò che non vogliono è proprio quello che in realtà desiderano. Inconsciamente s'intende. La donna affamata d'amore è quella che s'innamora del piú gran mascalzone del mondo, che si fa trattare male in qualsiasi tipo di relazione: di solito è stata quella bambina che ha conosciuto il maltrattamento, non necessariamente quello fisico, l'indifferenza, la distanza emotiva. Oppure la ragazza che dice di essere innamorata del ragazzo che incontra sempre in piazza. Siccome ha paura di essere rifiutata non si lascia avvicinare, non cerca contatti diretti. In questo modo si costruisce una storia basata sull'ideale che si è fatta, senza avere mai verificato l'illusione, perché non sopporterebbe la frustrazione di una risposta negativa. Magari quel ragazzo è un poco di buono, non assomiglia minimamente a quello dei sogni. Potrebbe anche essere quello giusto, ma lei preferisce lasciare tutto incompiuto, perché si sente piú tranquilla. È proprio ciò che vuole, fermarsi sull'uscio dell'innamoramento. Per lei è sufficiente idealizzarlo. Il problema è che, bloccandosi poco prima della conoscenza, non saprà mai se quel ragazzo l'avrebbe davvero rifiutata.

Naturalmente non si può sempre evitare la sconfitta, il rifiuto vero e proprio, il non piacere, il non essere apprezzati, desiderati, voluti. A volte è un rifiuto cercato magari con una telefonata che non si sarebbe dovuta fare, perché già si sapeva come sarebbe andata a finire, ma non si poteva evitare, sembrava quasi che una forza misteriosa attraesse verso il dolore del rifiuto. Anche in questo caso si ripropone quel meccanismo – il «tropismo psicologico» di cui ho parlato prima – per cui una persona viene magicamente spinta anche verso ciò che ha contraddistinto la sua infanzia e la sua adolescenza.

Altre volte s'instaura una sorta d'interesse ambiguo, come ad esempio un ragazzo che guarda, parla, illude, magari porta anche a letto la ragazza, ma non la prende in considerazione, la fa sentire una nullità. Quella ragazza vorrebbe una relazione diversa ma è più forte di lei, pensa che più di questo non possa meritare. Di nuovo si è di fronte a una forma d'amore non corrisposto, l'amore coniugato con la disistima.

In queste situazioni, l'unica via di fuga passa per la dignità.

È una parola che raramente viene associata all'amore. Viene scoperta, tardi, troppo tardi. In realtà, quando l'amore perde la dignità, non è più amore. La dignità è sapere che si ha il diritto di negarsi, e credo sia importante soprattutto nell'età adulta.

In amore si possono perdere i limiti ma non quelli della dignità: rappresentano il muro oltre il quale non si deve andare, mai. Invece, per debolezza o viltà, viene superata e mai con gioia, mai ottenendo reciprocità, semmai perdendo, a volte perdendo tutto. Ed è proprio la perdita della dignità a far soffrire davvero. È sufficiente accorgersene per recuperare immediatamente se stessi e vedere che quell'amore logorante non vale la metà di se stessi. Anzi, non è mai stato amore.

Se ci s'innamora senza prima aver coltivato l'amore per se stessi, si andrà incontro alla tristezza dell'umiliazione. Se non si è convinti del proprio valore, non ci si farà mai rispettare: senza autostima non si va lontani. Dignità e autostima vanno di pari passo.

Alcune donne lamentano di essere state oggetto di sgradevoli attenzioni. Accusano uomini di aver esercitato condotte svilenti e di avere allungato le mani. In realtà, se c'è autostima, a questi punti non si arriva mai. Spesso le vittime di molestie, maltrattamenti psicologici e fisici hanno un tratto in comune: non si stimano. Persino chi ha subito una violenza sessuale spesso colpevolizza se stessa e non il carnefice.

A volte, quando una storia si conclude, capita di aver voglia di rivedersi perché non si vuole capire che se un amore finisce non è per caso. Eppure non ci si guadagna mai granché. Bisognerebbe avere il coraggio di accettare la realtà. Pensare che è stato un amore grandioso. Molti credono che prolungare i sentimenti sia meno doloroso. Invece lo è di piú. Gli amori vanno rispettati perché sono dei grandi sentimenti e quando finiscono bisogna avere la consapevolezza e la tenerezza di chiuderli in una cornice. Tenerli in vita a tutti i costi li rende meno dignitosi. L'amore, quando finisce, non è una macchia da lavare con la candeggina.

Il bello è che l'amore non finisce, se davvero è esistito. Rimane nei ricordi, in qualche cellula, in qualche meandro del cervello. Ogni uomo insegna a una donna e ogni donna insegna a un uomo qualcosa. Non si può giudicare l'amore, occorre ascoltarlo per ciò che vivrà nella memoria. Contribuisce all'educazione sentimentale di ognuno.

Cancellare, scordare, rimuovere rappresentano tentativi arroganti. Sarebbe come voler dar fuoco all'album delle fotografie della nostra vita. Si diventerebbe desolatamente piú poveri, piú ignoranti riguardo alla percezione di sé. Le conoscenze si accrescono solo attraverso il coraggio di sapere che si può sbagliare: l'amore che finisce rappresenta il piú bell'errore della vita di ognuno, il lutto meno nero, il pianto piú dolce. Come la morte, anche la fine di un amore non è per sempre. Occorre imparare a guardare oltre la siepe, oltre un cancello che si chiude e non preclude. Occorre rialzarsi.

Anche l'amore che finisce sembra trasformarsi in una morte, invece è solo un sipario che cala tra un atto e l'altro della vita.

Ricordo un concerto di Astor Piazzolla, uno dei piú geniali maestri di tango argentino. Poco prima di iniziare raccontò la storia del bandoneón. Diceva che quella singolare fisarmonica era stata inventata dai puritani tedeschi nell'alto Medioevo per accompagnare festività, matrimoni e funerali nelle chiese che non potevano permettersi un organo. Parte di quella comunità emigrò nei secoli successivi in Argentina e lo strumento seguí quel popolo di disperati. Non fu piú però una chiesa barocca a ospitare quelle melodie e quei virtuosismi: il bandoneón finí per allietare clienti e prostitute nei bordelli dei bassifondi del porto di Buenos Aires.

«Ecco, – concludeva Piazzolla imbracciando lo strumento, – il bandoneón è come l'eros: contiene inscindibilmente sacro e profano, piacere e dolore».

Quelle parole mi tornano alla mente ogni volta che mi occupo di questo argomento, proprio come quando mi avvicino a quella musica struggente e sensuale. Una musica estrema, senza mediazioni, che si ascolta e che si balla, come mi aveva insegnato una straordinaria e bellissima *tanguera*, «solo con chi si ama o si odia».

L'eros è cultura del piacere, sinonimo di allegria, cosí come ricordano gli affreschi di Pompei o la tradizione iconografica indiana. L'avvento del cristianesimo ha prodotto una nuova declinazione dell'erotismo: quella «sacra», che, avversando la visione edonistica, ne ha promosso la funzionalità, abbinando l'eros alla necessità di difendere la specie attraverso la procreazione.

Per la verità, il tentativo ha vacillato tutte le volte che si sono verificati grandi cambiamenti sociali ed economici che hanno modificato i rapporti fra le persone. Tuttavia, il pensiero che concepiva la sessualità solo all'interno di un disegno famigliare ha spesso avuto il sopravvento.

Oggi fortunatamente l'erotismo ha assunto un significato diverso, piú libero e liberatorio. Se si chiedesse a una ragazza di farsi scrivere sopra il letto: «Non lo faccio per piacere mio, ma per rendere grazie a Dio», come accadeva alle nostre nonne, sorriderebbe incredula. Nemmeno il sacerdote che tiene corsi prematrimoniali si scandalizza piú se le coppie che vi partecipano hanno già consumato l'esperienza fondamentale della loro unione.

Tornano alla mente come icone di un passato remoto le parole di Tomasi di Lampedusa quando descriveva in che modo la principessa Maria Stella ricambiasse l'augurio della buonanotte a don Fabrizio, principe di Salina: «Stelluccia anch'essa si rimise a posto e mentre la sua gamba destra sfiorava quella sinistra del principe, essa si sentí tutta consolata e orgogliosa di avere per marito un uomo tanto energico e fiero». Un erotismo che oggi fa venire un po' di nostalgia al pensiero di atmosfere ormai perdute nel tempo.

Ogni tanto qualche giornalista mi chiede se attualmente viviamo in una società erotica. Se dovessi dedurlo da certe trasmissioni televisive, dai giornali, osservando le vetrine e i manifesti pubblicitari oppure da come si comporta buona parte della gente, dovrei trarre la conclusione che viviamo un mondo i cui riferimenti sessuali sono un'ossessione, un'oltraggiosa esibizione.

Tuttavia, pur tra le immagini volgari e scontate, ho l'impressione che si stia affermando una nuova modalità, un senso piú profondo di vivere l'eros: non piú solo grezza sessualità, ma un modo per comunicare con l'altro, la consapevolezza che la vita passa esclusivamente attraverso il coinvolgimento dei nostri sensi.

Il semplice diritto al piacere – che oggi viene esercitato con un ostinato senso di libertà – non garantisce automaticamente sbocchi felici, né tantomeno si può affermare che il corpo esibito con tanta disinvoltura dalla pubblicità, con slogan allusivi e intriganti, sia espressione di una diffusa e soddisfacente vita sessuale.

È necessario innanzitutto liberarsi definitivamente da ancestrali sensi di colpa, allargare la visione del piacere al punto di considerarla non un fine, ma una componente costante dell'esistenza. Piú l'eros è appagato, piú si potrà aspirare a essere felici e sereni in ogni momento della quotidianità. Eppure ciò contrasta, ancora oggi, con una visione della vita intesa come sacrificio, come «valle di lacrime», come terreno dolente, utile per meritarsi l'aldilà. In questa visione mortificante dell'esistenza, l'erotismo non poteva che rappresentare l'antitesi del giusto e del bene: ciò ha prodotto secoli di cultura sessofobica.

L'erotismo nasce con la vita. Fin da quando, piccoli, teneri, incoscienti, rannicchiati in quel calduccio, abitiamo il primo nido: l'accogliente ventre della mamma. Se si osserva attraverso un'ecografia cosa accade nell'utero di una donna nel momento in cui si accarezza il pancione, si può scoprire un'assoluta meraviglia: il feto nuota verso quella carezza che trasmette una sensazione di piacere, la prima esperienza erotica che corrisponde, appunto, con la prima forma di comunicazione tra esseri umani. Un'esperienza erotica proprio in quanto non passa per la parola, ma attraversa i sensi.

Ogni parte del corpo risponde agli stimoli tattili e rappresenta una potenziale fonte di piacere. In alcuni punti la soddisfazione è particolarmente intensa, ma se si utilizzano tutti e cinque i sensi l'emozione e il godimento possono essere percepiti su piani diversi.

Guardare, sentire, gustare, annusare, toccare sono le vie che mettono in contatto con il mondo. L'eros coinvolge tutti i sensi. Se lo limitiamo alla sola declinazione sessuale, se lo confondiamo soltanto con il raggiungimento dell'orgasmo, ci priviamo d'infinite altre possibilità di dare e darci felicità. Nella quotidianità esistono infatti esperienze che si caricano di piacere diventando momenti «erotici»: è sufficiente pensare al sottile brivido di voluttà che accompagna la degustazione di una morbida pasta al forno, all'aroma sprigionato da un bicchiere di vino, alla dolcezza che emerge da un profumo antico, allo struggimento suscitato da una musica riascoltata dopo anni, alle emozioni che si scatenano davanti a un quadro di Rotko o a un tramonto su un mare del Sud.

Tutto passa attraverso i sensi. Quanto piú si assecondano, quanto piú si amplificano, tanto piú si sviluppa erotismo. Quanto piú vengono resi artificiali, tanto piú l'eros si svuota di senso. Pensiamo all'odore. Bonaparte che scriveva alla sua Joséphine di non lavarsi perché stava arrivando dai campi di battaglia, ebbro di passione per lei. Dunque eros come idea primigenia, naturale: il grande condottiero temeva che qualche artificio di profumi, di lavande, «coprisse» l'odore della pelle vogliosa. Nessun'altra sensazione avrebbe risvegliato il desiderio come quel richiamo ancestrale.

L'erotismo rappresenta dunque il piacere con cui si partecipa all'esperienza, il modo con cui si beneficia di ogni aspetto della vita. Anche il comportamento piú comune e apparentemente banale può svelare la presenza di passionalità.

Se si osserva un gruppo di persone che entra in una stanza con le pareti colorate, si nota che alcune reagiscono con gioia, vivacità, allegria, mentre altre restano indifferenti. La ragione è che le prime godono di una sensualità libera e articolata: sono persone ad alto livello di «erotismo esistenziale». Le seconde, invece, tendono piuttosto alla chiusura, non allertano gusto-tatto-olfatto-udito-vista e sono con ogni probabilità connotati da una scarsa «autostima erotica».

Lo stesso discorso vale per la musica, per una luce particolare, un'alba, un tramonto. Qualcuno ne viene immediatamente sedotto, altri neppure registrano quelle vibrazioni, quelle variazioni d'intensità cromatica in quanto l'erotismo è basato sull'azione, non sulle sensazioni, sull'agire piuttosto che sul sentire.

La diversità individuale si basa sulla differente sensibilità. Alcuni hanno una reazione piú intensa, altri piú stemperata, altre volte ancora questa scintilla non è assente ma repressa.

La sensibilità viene acquisita attraverso una speciale modalità comunicativa. Se prendiamo cento bambini all'inizio della formazione del linguaggio verbale e li seguiamo fino al termine di questo apprendistato possiamo notare forti differenze tra individuo e individuo, nel senso che può accadere che un bimbo conosca il doppio dei fonemi di un altro. Vi sono molte ipotesi sui motivi che portano a questa differenza. Una è particolarmente suggestiva e fa riferimento a una diversa capacità comunicativa tra madre e figlio (naturalmente potrei anche dire tra padre e figlio, se questi investisse con la stessa intensità nella relazione filiale). Polarizzando il pensiero potrei dire che esiste una comunicazione «asincronica» e una «empatica». La prima avviene su piani paralleli: il bimbo piange disperato perché ha paura di stare al mondo e la mamma accorre con il termometro, ognuno ha comunicato ma su binari che non s'incontrano. Questa modalità comporta una piú lenta acquisizione di strumenti di comunicazione, compresi quelli sensoriali. All'opposto, la comunicazione empatica favorisce quella crescita proprio perché fondata sulla contaminazione emotiva.

Tuttavia non è impossibile accrescere le proprie capacità percettive sensoriali anche nel corso della vita. Penso al ruolo che può avere la scuola se solo volesse. Tutte le esperienze pedagogiche piú avanzate basano il loro orientamento proprio sulla possibilità di far riacquisire a un bambino le sue sensibilità sensoriali. Basterebbe una visita alla Città dei bambini di Genova o alla Villette a Parigi per avere prova di ciò. Tutti i giochi sono infatti orientati al recupero e alla manutenzione dei sensi «perduti».

Tanto piú l'educazione di un bambino e di un adolescente avviene in modo extrasensoriale, tanto piú la crescita delle capacità di ricerca e d'estrinsecazione emotiva

– dunque erotica – può diventare contraddittoria e tendenzialmente «alienante».

Di qui l'importanza «strategica» di portare un bambino a una mostra o di avvicinarlo agli animali, di permettergli di osservare strani pesci attraverso le vetrate di un acquario o di impiastricciarsi le mani con i colori a tempera. Se imparerà a usare tutti i sensi, da grande riuscirà a coniugare l'erotismo non soltanto in chiave sessuale. L'eros sarà sinonimo d'affettuosità e creatività, allegria e gioco, non piú un chiodo fisso, banale ossessione cellulare. Sarà, con buona probabilità, un amante sensibile.

Una signora, appassionata di musica classica, mi raccontava che durante il periodo della gestazione cercava di andare al maggior numero di concerti perché il suo piccolo potesse percepire quelle vibrazioni attraverso il liquido amniotico. Quel bambino poi si è diplomato al Conservatorio in pianoforte e gira il mondo con una grande orchestra, contento e soddisfatto per la passione che gli pulsa dentro. Di sicuro è cresciuto sensibile, dunque potenzialmente erotico.

Il moralismo è una difesa, un codice d'interpretazione che non aiuta a cogliere l'erotismo. Se vogliamo conoscere una persona fino in fondo dobbiamo metterla in condizione di esprimersi. Non mi riferisco solo al comportamento sessuale, intendo una libera e totale espressione di sé, dei propri sentimenti. Purtroppo, raramente si mettono gli altri e se stessi nella condizione di esprimersi: si scontano rigidità introdotte da mentalità perbenista che, inconsciamente, portano l'erotismo a essere confuso con la sua componente piú retriva, quella moralistica, peccaminosa.

Eros è cultura, dunque diversità, ogni Paese, ogni popolo, ogni individuo ha il proprio erotismo. Ciò che scandalizza un eschimese lascia indifferente una ragazza di Rio de Janeiro, ciò che ci concediamo a vent'anni viene magari represso a cinquanta.

Alcune persone possiedono un'innata carica erotica che pervade ogni semplice gesto, dal modo in cui portano alla bocca una posata, al passeggiare per strada, dal conversare al telefono, al provarsi un vestito. Di solito hanno un mondo interiore che non esitano a mostrare, anzi a esibire spontaneamente. Vivono un eros totalizzante.

Altre, invece, hanno un preciso, intimo, segreto bisogno di circoscriverlo. Appaiono impacciate, inibite, preoccupate di non lasciar trasparire nulla di sé e considerano l'erotismo un'attività concessa, eventualmente, solo a notte inoltrata e a luci spente.

Naturalmente non è affatto detto che chi esibisce eros, anche nei più semplici gesti quotidiani, sia amante altrettanto appassionato. Dunque non è vero neppure il contrario. Spesso chi ha una vita sessuale esuberante, può benissimo restare indifferente ad altri piaceri.

Molte persone sono istrioniche in pubblico e modeste nell'intimità. Per alcuni esiste, infatti, un campo esistenziale dove riversano la loro eccellenza. Non ho mai pensato che Federico Fellini, ad esempio, fosse un grande amatore. Credo piuttosto che abbia consumato la sua eccezionale forza erotica attraverso la cinepresa. Forse così è possibile interpretare la depressione di Vittorio Gassman: il conflitto tra la sua immagine erotica pubblica, di uomo bellissimo e attore di talento che affascinava le donne, e la difficoltà di mantenere la stessa immagine dentro di sé, una tensione erotica in uguale misura nel privato.

L'entusiasmo per la libertà sessuale conquistata poco tempo fa spinge a sovrastimare questo argomento, a scapito di tutte le altre espressioni di eros quotidiano. Non molte donne, per esempio, si rendono conto che la passione che mettono in cucina è un vero trasporto erotico.

Il guaio è che l'attività sessuale è considerata la prova della nostra felicità. Invece il grande seduttore può rivelarsi un uomo miserabile e la mangiatrice di uomini essere tanto insensibile da non riuscire a cogliere neppure la differenza tra un'alba e un tramonto.

Consideriamo ora un gesto normale, normalissimo: alzarsi da una sedia. Alcune donne si alzano in un modo che pur non avendo nulla di provocatorio le rende irresistibili. Il segreto sta nella componente di sensualità, una delle espressioni piú delicate dell'erotismo. Non esistono regole trasferibili e non si può imparare piú di tanto. La sensualità è inconsapevole, nasce spontaneamente, seduce senza provocare. Questa è la sua magia: non ha niente a che vedere con la razionalità, non conosce calcolo, premeditazione, né ostentazione.

Proprio come il palmo della mano della mamma appoggiato delicatamente sul ventre teso dall'attesa crea comunicazione empatica: magici fili che mettono in contatto le sensibilità delle persone.

Per inviare messaggi tanto intimi e chiari bisogna sentirsi sicuri. Le persone sensuali, uomini o donne, hanno sempre un buon livello di autostima, si sentono libere di esprimersi e di essere se stesse.

La sensualità è valore aggiunto, anche se non è detto che le persone sensuali siano necessariamente piú felici. Chi riesce a creare con un gesto quella rete invisibile in cui tutti rimangono impigliati, è anche esposto ai dolori dell'amore. È come gonfiare un palloncino: piú vi s'immette aria, piú diventa grande e conseguentemente aumenta la superficie di contatto con l'esterno, con il mondo circostante. Piú si estenderà questa interfaccia, piú si moltiplicheranno le possibilità di gioire e di patire. A questo Purgatorio corrisponde, tuttavia, anche un vantaggio costituito dalla certezza che, con l'età, la sensualità non subisce mutamenti. È talmente vero che si può arrivare a cent'anni senza perdere neanche un grammo di quel fascino che da subito si esprimeva da ogni poro della pelle. È successo a Pablo Picasso, a Greta Garbo, a Marlene Dietrich, a Marlon Brando, grandi saggi della seduzione, che con una pennellata, una parola, uno sguardo, un sorriso tenevano col fiato sospeso chiunque, uomo o donna, giovane o vecchio.

Anche la sessualità è una forma di erotismo inconsapevole: se cosí non fosse, diventerebbe una ridicola esibizione di prestazioni e di attributi. In questo caso prevale l'istinto, lo sfogo, l'attrazione di pelle. Se la sensualità è una cosa lieve, fine a se stessa, la sessualità è una forza prorompente che si esprime anche attraverso il bisogno di possedere o di essere posseduti. È proprio il corrispondere con abitudini e aspettative ben radicate a rendere la sessualità la via erotica piú seguita.

L'uomo rude e volitivo da una parte, la donna delicata, accogliente e ricettiva dall'altra. In natura la differenza degli apparati genitali esprime con chiarezza la ragione della separazione dei ruoli. Oggi però la questione si è fatta piú complessa. Migliaia di superpalestrati che si esibiscono sulle spiagge e in discoteca cercano, inconsapevolmente, di rientrare in una figura piú tradizionale e accettata, capace di allontanare un alone di ambiguità indotto da un cambiamento culturale che la moda ha ben colto: aggressiva per le donne e morbida, quasi cedevole, per gli uomini. Anche il mondo della pubblicità ha «giocato» sul valore aggiunto dell'ambiguità. Lo spot di un noto aperitivo sottolinea volutamente quella zona intermedia della sessualità, una *no man's land* erotica.

«Visto da vicino nessuno è normale» era scritto a caratteri cubitali su un muro dell'ospedale psichiatrico di Trieste. Mai nulla di piú vero! Del resto anche all'interno della coppia la sessualità segue strade misteriose, i ruoli non rimangono mai ben definiti, spesso si sfiorano, in parte si sovrappongono, mutano. Questa incertezza fa parte della crescita di un rapporto, accompagna i cambiamenti dei partner e le loro esperienze.

L'età d'oro dell'erotismo non è certo la giovinezza. La sessualità cresce e si trasforma con l'esperienza che ci fa scoprire che cosa piace e cosa no. Ogni incontro fa maturare, funge da concime dell'educazione sentimentale, delimita i contorni dell'identità.

Una donna che fa l'amore è piú consapevole e piú serena di quando lo faceva da ragazza, teme meno di essere giudicata. Crescendo diventa disinvolta, percepisce il sesso in modo piú libero, slegata da condizionamenti e insicurezze, piú in grado di evitare di ripetere con il nuovo fidanzato gli errori commessi in precedenza.

La stagione migliore dell'attività sessuale non corrisponde dunque alla partenza. L'erotismo ha bisogno di un lento apprendistato costituito dall'esperienza, un po' come accade per fare il mio mestiere di psicoterapeuta. È difficile che un adolescente, che pure comincia a conoscere il sesso da giovanissimo, riesca a costruire in fretta una sessualità reale. Magari è portato a pensarlo nel momento in cui fa l'amore, in quanto non ha termini di paragone. Diventato adulto saprà distinguere fra una sessualità matura e le prime esperienze, forti ma piene di imbarazzi, che alcune volte non facevano neppure tanto piacere. Mi riferisco all'esperienza e non necessariamente alle esperienze, perché nell'erotismo non sono i numeri a fare la differenza. Se una ragazza ha avuto venti fidanzati, non è detto che sia piú esperta e piú matura dell'amica che ha avuto solo due non brevi relazioni.

Si può imparare molto anche da un solo partner se in quel rapporto si cresce, si matura e si esprime la propria capacità di amare (di cui la sessualità è un'espressione), il condividere l'altro. Il limite lo si raggiunge quando ciascuno ripete se stesso, senza mutamento, senza crescita. Il vantaggio è la confidenza fra due persone, l'empatia, la capacità e la voglia di comunicare: ma questo è l'esperienza che lo porta, non l'elenco dei partner.

L'erotismo non coincide affatto con il raggiungimento dell'apice del piacere. È anche orgasmo, ma non solo. Purtroppo capita che, se nella vita si sono sperimentati solo rapporti poco appaganti in cui tale sensazione non arrivava mai, è chiaro che l'idea di quella soddisfazione tende a essere ipervalutata. In realtà l'erotismo è espressione d'amore: molto piú della scoperta dell'orgasmo.

Anche l'orgasmo è cultura, almeno dovrebbe esserlo:

basterebbe avvicinarsi ad alcune filosofie orientali per capirlo. Orgasmo lento che non arriva mai al culmine ma lo allontana attraverso pratiche di rilassamento e di sublimazione. Un modo per accostarsi alla sessualità che premia il sentire l'altro e non il concentrarsi su di sé. Si tratta di culture molto lontane dal nostro modo di vivere e di pensare. Assomiglia a ciò che distingue il *fitness* dal piú recente *wellness*. Il primo assomiglia a una coazione, un accanimento, un'ossessione: quella di levigare il corpo, plasmarlo, renderlo piú efficiente. Il significato stesso della parola tradisce il suo aspetto compulsivo: il verbo inglese *to fit* significa rientrare, modellare, adattarsi, dunque una forzatura, una disponibilità ad accettare modelli altrui. Il *wellness* invece esprime una ricerca di benessere, non l'adesione passiva alla volontà d'altri ma la voglia di perseguire il proprio beneficio, soggettivamente inteso. Non piú una ginnastica per tutti, ma un percorso personale, diverso per ognuno.

Nella mia esperienza terapeutica ho ascoltato donne lamentarsi di essere state trascurate dai mariti per anni e di avere realizzato tardivamente l'omosessualità del coniuge. C'è da chiedersi cosa possa portare, nel terzo millennio, una donna ad accettare di trascurarsi per decenni, a protrarre un matrimonio cosí sgradevolmente deprivato di erotismo, al limite dell'autopunizione. Cosa induce ragazze e donne a fingere orgasmi per anni, con la sola finalità di accontentare le aspettative del partner? Cosa porta una donna libera, magari anche benestante, a trasformare l'amore in finzione?

Sembrerà strano, ma ancor oggi molti si sentono piú protetti da una falsa consuetudine piuttosto che mossi e protesi dall'esigenza di cambiare. Siamo tarati sul dolore, non sulla felicità. Anche la sessualità diventa, in quest'ottica, una pratica burocratica da evadere, il triste risultato di un'educazione intransigente e fobica. Provate a chiedervi quante tra le persone che conoscete e frequentate sanno o sono disposte davvero a lasciarsi andare, ad abbandonare il controllo su di sé.

Erotismo è capacità di perdersi, di affidarsi alle emozioni: l'esatto opposto di ciò che la nostra cultura bigotta ci ha insegnato.

L'eros percorre strade in salita, il panorama è affascinante ma i tornanti faticosi. Dietro ogni curva un mistero, una sorpresa. L'erotismo non è sinonimo di tensione, ma nemmeno di tranquillità. Anche quando si trova il partner giusto, anche se si cammina fianco a fianco non è detto che sarà solamente una passeggiata serena. Le relazioni possono finire, trasformarsi: ciò che tiene uniti oggi potrebbe non valere piú in futuro.

La dimensione erotica, infatti, è un movimento continuo, cambia man mano che si accumula esperienza, con il tempo si tinge di nuove sfumature. Non è saggio fermarsi.

La bellezza dell'erotismo è una ricerca incessante, un perenne aggiornamento. È necessario «sentire»: questa è la scintilla che costringe a rinnovarsi. Ecco perché non ha senso parlare di regole, è necessaria flessibilità. Pretendere di tracciare dei binari entro cui assicurare un rapporto soddisfacente provoca l'effetto opposto: soffoca e mortifica ogni successivo slancio. La rigidità psicologica annienta l'erotismo.

L'eros non conosce ordini del giorno, successioni di parole, gesti, posizioni, movimenti. Questa la ragione per cui non è facile «capire» quale sia, per entrambi, il momento giusto per abbandonarsi al piacere.

Occorre cogliere i segnali che il corpo lancia attraverso un linguaggio fatto di sguardi, gesti, sorrisi, silenzi. Un codice che lascia intravedere il misterioso.

Importante è curare e difendere questa zona di penombra. Si dovrebbe essere l'uno per l'altra come suggeriva Oriana Fallaci: «Un libro aperto, ma scritto in aramaico». Conoscersi, ma mai fino in fondo, serbando qualcosa per sé. Sfogliare quelle pagine non sarà semplice, ma una meravigliosa fatica.

Anche Ovidio nel manuale galante dell'antica Roma, *L'arte d'amare*, ricordava agli uomini quanto l'amore sdegnasse i pigri e fosse simile a una milizia: «La notte, la tempesta, il lungo andare, il piú crudo dolore, ogni fatica, attendono chi vuol questa battaglia».

Per essere autentico l'eros non può essere facile. È necessario impegno per entrare in sintonia con l'altro. Alcuni manifestano un eros compulsivo che non dà neanche il tempo di arrivare al letto. Altri richiedono piú attenzioni e prima di amare sentono la necessità di rilassarsi, di creare l'atmosfera con una cena, dopo un film. Queste diversità vanno tenute in considerazione se si vuole vivere appieno l'erotismo: non indicano solo la strada giusta per amarsi completamente, sono anche delle «prove» che insegnano a rispettarsi a vicenda.

Non è automatico per tutti perdere la testa in amore. Qualcuno infatti ha insegnato nella nostra cultura che lasciarsi andare significa perdere. E piú la storia d'amore diventa importante, piú spesso si tende a irrigidirsi.

Capita, infatti, che durante incontri superficiali si facciano piú scintille erotiche che con un partner supercollaudato. Lasciarsi andare significa, anche, uscire dai ruoli che nella coppia spesso s'ingessano. Talora si è portati a pensare che l'amante piaccia, diverta, in quanto si può dire e fare tutto quello che con il partner sarebbe inibito. L'immagine stereotipata che si manifesta al compagno/a abituale è diversa, frenata dal perbenismo. Sembrerebbe trattarsi di una doppia vita. Sono, invece, le inaspettate esplosioni di libertà dell'eros.

Ricordo una signora che mi descriveva il rapporto con il marito. Diceva che anche se non erano piú ragazzini e stavano insieme da una vita, spesso avevano voglia di amarsi perfino al cinema, come quando avevano sedici anni. Non si tratta certo di un desiderio che scoppia come «un fulmine a ciel sereno», è piuttosto l'allenamento a una comunicazione empatica, di pelle, coltivata con premurosa attenzione, una corrente sotterranea che li accompagna per la vita intera. Questo è un esempio di chi sa bene il significato del lasciarsi andare, sapere tutto dell'altro.

Quando si fa l'amore bisognerebbe lasciare la testa sul comodino. È, infatti, spesso la razionalità, la mania consolidata di tenere sempre tutto sotto controllo a mettere freni all'eros. Invece, lasciarsi andare è dimenticare i percorsi della mente, abbandonarsi, fidarsi l'uno dell'altra: ovvero la consapevolezza che non succederà nulla che possa creare disagio o imbarazzo e che tutto ciò che potrà accadere in quell'incontro piacerà a entrambi. Abbandonarsi è sentire con tranquillità che niente sarà usato contro se stessi.

Trasgressione è una parola inquietante, mentre significa solo non ripetere meccanicamente gesti analoghi, ogni volta, in tutte le situazioni. Non vuol dire frequentare sexy shop, ma semplicemente andare contro una regola codificata da sé. Fare l'amore alle due del pomeriggio telefonando in ufficio per avvisare che si ha la febbre, non è un fatto eccezionale in sé. Diventa tale, in quanto si corre un rischio e s'infrange una consuetudine. Se, tuttavia, ogni volta che abbiamo un nuovo partner ci viene la medesima idea, non si tratta piú di trasgressione, bensí di abitudine. Indossare biancheria particolarmente sexy tutti i giorni, finisce per avere la stessa carica erotica di un pigiama di flanella con enormi roditori sorridenti, abbottonato fino al collo.

Uscire dal seminato significa avere voglia di cambiare, sentirsi liberi, svincolarsi da un conformismo che purtroppo esiste anche fra i giovanissimi. Da tempo, l'uscita *in* con gli amici è il giovedí, mentre il week-end va trascorso con il partner abituale. Tutto questo non esalta, mortifica l'erotismo, che per essere autentico ha bisogno di libertà, non di schemi.

Ne consegue che anche «farlo strano» a tutti i costi non appaga, in quanto trasforma l'eros in un fumetto. Le iniziative piú audaci, se non nascono spontaneamente, perdono il loro valore, diventano anch'esse consuetudini forzate, assumono le caratteristiche di una droga che costringe ogni volta ad alzare la posta in gioco. Persistendo nella ricerca di modi estremi, richiedendo all'altro prestazioni sempre piú «particolari», non si riesce piú a tornare indietro e, paradossalmente, il viaggio si conclude nella noia. Anche quando si tratta di esperimenti divertenti, di piccoli segreti che cementano la coppia, ogni tanto è opportuno poter fare retromarcia, in quanto diritto a una libera «normalità» rassicurante, che è doveroso difendere per non scivolare nella ripetitività, nella consuetudine della trasgressione.

Alcune donne, per soddisfare il partner, per paura di

non piacere, di non apparire abbastanza disinvolte, si adeguano ai desideri del compagno in tutto e per tutto. Eppure qualunque sia il livello di disinibizione raggiunto nella coppia, ognuno deve poter alzare la mano e spiegare con gentilezza che preferisce saltare il giro in quanto quella proposta non piace, non fa sentire a proprio agio. In alcune giornate si ha bisogno di gesti semplicemente affettivi, non d'incontrare Tarzan o un bagnino. Il giorno seguente, magari, si è nuovamente spinti dal desiderio di accettare quelle stesse sollecitazioni, in libertà.

Il diritto alla libertà sessuale fa sentire autonomi nell'essere audaci, sovrani di sé.

Esistono parole, modi di trattare e anche di maltrattare che possono essere accettati soltanto a letto. L'eros è tutto quello che intercorre tra violenza e sublimazione, poli esclusi. Può tollerare uno stato di sottomissione, persino una perdita di dignità, che in altri momenti sarebbe inaccettabile. Tutto è consentito all'interno della coppia, purché sia espressione di volontà tra due persone pienamente consenzienti.

È una precisazione indispensabile, anche per il doveroso rispetto della sfera sessuale altrui, da tenere ben presente quando si valuta il significato di un legame. Non deve capitare, infatti, che il rapporto tracimi e approdi a pratiche estreme, la cui condivisione non sia sempre accettata da entrambi, assodata l'assoluta e paritetica volontà.

A volte certe fantasie possono nascere solo da un partner mentre l'altro si adegua senza troppa convinzione. Se si tratta del desiderio di uno solo è necessario verificare che la volontà sia sempre espressione di entrambi: l'eros non è pratica solipsistica.

Eppure la reale disponibilità in ogni incontro può diventare terreno scivoloso: difficile da stabilire se sottesa. Se esplicita, il partner potrebbe essere reticente e successivamente acconsentire. In questo caso si tratterebbe di un gioco mascherato. È una forma di ritrosia, simile a una sfida, per saggiare il terreno, per vedere se si è al cospetto di chi sappia andare oltre, se si è davvero di fronte a una persona autentica. Se cosí fosse, dovrebbe intuire e minimizzare le maliziose resistenze.

Le storie brevi, gli incontri mordi e fuggi difficilmente raggiungono questi limiti e queste intensità, anche se non è affatto detto che siano esperienze prive di erotismo. Il problema è che in questi casi non è semplice stabilire se la voglia di trasgressione sia presente e quale sia il livello di effettiva disponibilità o quanto sia il rischio di sopraffazione e quanto quello di sottomissione. Sono esperienze che rivelano molto di una persona: tutto si svolge su un crinale sul quale nessuno può bluffare.

Ironia e eros non vanno necessariamente d'accordo. Funzionano prima e dopo, ma se sul piú bello uno dei due dovesse scoppiare in una sonora risata l'incantesimo si spezza. È, infatti, un momento in cui ciascuno mette completamente in gioco il proprio essere, dove si instaurano equilibri fragili, dove si diventa estremamente suscettibili.

L'eros è un gioco terribilmente serio.

A volte basta un'osservazione, seppur scherzosa, riferita a qualche particolare o a una parte del corpo che magari non piace del tutto o perfino a una prestazione che sembra poco apprezzata e l'amplesso si trasforma in palude, l'intesa in incidente.

Una risata è liberatoria, ma in questo caso libera solo

imbarazzo. L'umorismo mette in ridicolo in quanto si ha la sensazione di essere giudicati o, nella migliore delle ipotesi, distratti. L'eros rende vulnerabili. Le emozioni sono lí nude davanti all'altro e la sensibilità necessaria per rispettare non è mai troppa. L'ironia non va necessariamente d'accordo nemmeno con l'intimità. Se si vuole aggiungere un ingrediente alla sessualità si può ricorrere al gioco, nel senso della complicità, della fantasia.

L'atto di amare è una cosa sacra. E questa sacralità va rispettata.

Alle volte, un litigio può essere la scintilla che accende la fiamma. Lo scontro, due strattoni, spesso finiscono in inebrianti notti d'amore. Come non ricordare la scena di *Via col vento*, quando una notte, in un improvviso silenzio, nel corso di una discussione al piano terra con la moglie Rossella O'Hara, il capitano Rhett Butler la prende deciso in braccio e sale gli scalini a quattro a quattro per infilarsi nella camera da letto dove si ameranno per una notte intera?

Un copione che molte coppie conoscono cosí bene da provocarsi l'un l'altro proprio per rendere l'atmosfera incandescente, piú eccitante l'attesa.

Le strategie però hanno la caratteristica di essere libertà quando si immaginano e prigioni quando vengono messe in pratica. Fare l'amore non può diventare un'esternazione cervellotica, una decisione presa a tavolino. Una prima volta può funzionare, poi tutto diventa prevedibile, cerebrale: bisogna cambiare gioco.

È vero che l'eros può esaltarsi anche con la litigata, ma è altrettanto vero che soffoca con le tecniche fino a spegnersi del tutto quando lo scompiglio non arriva dall'esterno ma dall'interno, per una seria preoccupazione o un dolore. In quel momento lo stratagemma non regge, a meno che il partner non sia cosí attento e cosí bravo da trasformare l'intimità – compreso l'eros – in una specie di rifugio terapeutico dove l'altro può trovare sostegno e comprensione. Allora, l'incontro diventa un balsamo che lenisce ferite e sofferenze, un porto, un approdo che accoglie e difende.

Esiste l'eros senza eros. Una bella serata può sfociare in una notte di fuoco o in un abbraccio, beatamente addormentati senza aver fatto l'amore. Anche questo è piacere, qualcosa che va oltre l'erotismo: è la sublimazione dell'eros.
Astenersi dal sesso non è una rinuncia. Rappresenta, invece, una situazione di estremo desiderio dove lo scambio di emozioni è totalmente penetrante. Non è un rifiuto, ma un momento di speciale intensità tra un uomo e una donna che riescono a percepire una sofisticata sensazione di piacere. Un'estasi che non può essere cercata, accade solo se vi è sensibilità.
Rappresenta il colmo dell'intimità, è struggimento, è scivolare all'unisono in un'altra dimensione che contempla l'erotismo sublimandone la pratica.
Una perla rara. Un'intesa che richiede esperienza.

L'amore è imprescindibile dalla fantasia, anche se non tutti la sanno utilizzare. È molto piú facile lasciarsi andare con il corpo che con la mente.
Capita a molti di non credere di essere persone fantasiose dal punto di vista erotico; poi magari s'incontra un

partner e si cambia idea, si scopre un universo rimasto nascosto dentro di sé, al quale non si è data la giusta priorità. Un incontro «fatale» capace di sbloccare il meccanismo, di portare a galla la fantasia arricchendo la vita, facendo scoprire la sensazione di sentirsi piú liberi.

Eppure una delle cose piú difficili e rare è proprio trovare persone in grado di vivere l'erotismo con piena e gioiosa libertà: e ciò perché riguarda la considerazione di sé.

Quante ragazze non riescono a lasciarsi andare con il proprio partner perché temono di essere considerate perverse, «ninfomani»? Secoli di educazione sessofobica pesano sui comportamenti ancor oggi.

Per fortuna oggi molte trasgressioni, molte fantasie sessuali sono culturalmente ammesse proprio perché sappiamo che possono rappresentare una fonte di unione. L'importante è sentirsi a proprio agio senza violenza, coercizione, sopraffazione.

Sperimentare nuove risorse di piacere rappresenta un'opportunità ulteriore per arrivare a capire le proprie preferenze. L'importante è sapere che alcuni percorsi piacevoli non hanno vie di ritorno. Sono automobili senza retromarcia. Non si tratta di moralismo, ma di rispetto per le aspettative.

Vi sono coppie che si astengono dal sesso per mesi, per anni. Non capita perché ciascuno si procura evasioni: proprio non accade. Si amano, si amano davvero ma hanno sublimato, spostato il legame amoroso su un altro livello.

Non sarebbe corretto considerare questi come rapporti di seconda o di terza classe, è semplicemente un modo diverso di amare.

Sarebbe irripetibile in qualsiasi altra circostanza, eppure è condiviso: se cosí non fosse, se fosse solo uno a volerlo, l'altro fuggirebbe.

L'eros platonico è tra i piú praticati. Naturalmente, esiste anche il contrario. Vi sono coppie che hanno una grande attività sessuale in mancanza di un grande amore. Sono quelle che si lasciano andare per puro istinto, sfiorano la bulimia sessuale.

Vi sono persone che ritengono l'eros un correlato importante ma non qualitativo, si perdono la bellezza di un sentimento che dà spessore alla vita: in realtà non sanno amare o non sono interessate ai sentimenti. Per queste persone, i rapporti sono quasi forme di autoerotismo. Non perché l'altro non esista, ma perché non importa che abbia un nome, un'anima.

Si tratta di erotismo narcisistico, tipico degli uomini di una certa età. Godono del fatto che quella ragazza sia innamorata, che «ci stia», si offra, soprattutto se giovane e carina. Sedurre, in quella fase della vita, significa sentirsi vivi, quanto meno appetibili. Sono uomini assorbiti dall'idea di piacere, di mantenere un *appeal* sociale. In quest'ottica è marginale che il rapporto finisca in un letto: il gioco può anche esaurirsi con la conquista. Quello che interessa è il preliminare sessuale, il sedurre la donna, portarla a sé: l'obiettivo principale, a quel punto, è raggiunto.

L'erotismo non ha confini, non ha binari. Attraverso lo stile nel vestire, il gusto nell'arredare, il piacere nel cucinare, i gesti, la modulazione della voce trasmettiamo continuamente messaggi erotici. È il modo di essere, che è poi l'eros di ognuno, l'atmosfera che ogni individuo crea intorno a sé: descrive e caratterizza il temperamento, rappresenta il modo di vivere l'intimità, elenca le passioni individuali.

Anche la casa parla di chi la abita. È il rifugio, la cuccia. Proprio per questa ragione rivela immediatamente la sensibilità erotica di chi la possiede: l'ordine o il disordine, la parete attrezzata o il libero accostamento di pezzi moderni e antichi. E non sono soltanto i mobili a raccontare.

Chi ha la mania delle collezioni, tutte ben allineate, in cui «questo-oggetto-deve-stare-qui-e-non-là», e «quest'altro-deve-andare-in giú-e-non-in-su», di solito, ha una rappresentazione mentale ossessiva: questa metodicità viene spesso trasferita anche nell'erotismo. Difficilmente una persona di questo tipo uscirà dal seminato, si lascerà andare senza freni, difficilmente avrà un eros sconvolgente, improbabile che sia curiosa di sorprese.

Al contrario, vi sono persone che non sanno restare confinate nella ritualità e hanno sempre bisogno di cambiamenti per soddisfare l'esigenza di novità. Le loro case difficilmente saranno sobrie e monocolori ma apparirà l'esigenza di una parete dipinta blu oltremare, della siepe di bambú in soggiorno oppure del bow-window della camera da letto che dà su un bosco. Persone che amano le novità e le soluzioni insolite sono piú disposte ad accettare l'imprevisto. E accade anche sul piano erotico.

Cucinare è una passione che dà piacere a chi la coltiva e anche a chi ne gode i frutti. Ricordo mia nonna quando preparava lo strudel o i passatelli. Si muoveva tra casseruole e cucchiai di legno con gesti leggeri e decisi, impastava con delicatezza come se avesse tra le mani un tesoro, come se invece di tirare la sfoglia infilasse perle. Una buona manualità in cucina può esprimersi anche in altre stanze, può esplodere in carezze, anche non caste. È una logica conseguenza della passione: non si può non passare all'altra.

Il corpo, da sempre, richiede attenzione. Mani e piedi con unghie laccate sono stati tradizionalmente riconosciuti come icone di erotismo: conservano il loro *appeal*, dal rosso lacca alla *french manicure*. Tuttavia, sono stati soppiantati da una segnaletica piú forte. Il tatuaggio un tempo rappresentava il ricordo della libertà per prigionieri e marinai costretti a vivere lontani da casa, chiusi in una galera o in una nave. Oggi ha mantenuto il suo messaggio di libertà, ma in un'altra accezione. Lo slogan sotteso è l'affermazione di libertà che insiste sulla proprietà del proprio corpo, fino alla possibilità di marchiarlo.

La scelta del luogo anatomico e dell'immagine da tatuare non è mai casuale. Una ragazza decide di farsi disegnare la parte del corpo che considera la migliore e la piú erotica. Il seno, il fondoschiena, l'ombelico. Il linguaggio espresso rivela l'invito a guardare il *tattoo* e a recepire il sottinteso erotico. Anche il tipo di disegno ha un suo perché. Un fiorellino sul polso ha un significato molto diverso rispetto al filo spinato che circonda il bacino: è come passare da una morbida sessualità a un forte richiamo sadomaso.

Il piercing rappresenta – analogamente – un espediente per indicare la parte del corpo che si vuole sottolineare, magari in maniera trasgressiva. Il naso, le orecchie, la bocca, la lingua rivelano pulsioni erotiche diverse ma esplicite.

L'abito costituisce da sempre una seconda pelle, dunque anch'esso fa parte della comunicazione erotica. Basterebbe pensare ai jeans. Quando negli anni Cinquanta anche le ragazze iniziarono a indossarli cadde un grande tabú: non solo la libertà di mettere in piena evidenza le curve, ma soprattutto di giocare con la sottile ambiguità del ruolo maschile e femminile. Ancor oggi i jeans contengono un messaggio erotico: dopo aver sottolineato il fondoschiena – attraverso i modelli a vita bassa – il jeans è arrivato a rendere visibile l'ultimo baluardo dell'intimità, la strada che dall'ombelico continua a scendere fino al pube mettendo in mostra l'elastico degli slip. L'affermarsi di questi pantaloni ha scatenato la corsa all'esibizione non solo dei perizomi piú piccoli e variopinti, ma anche delle depilazioni quasi totali.

I maschi cercano di controbattere con magliette aderenti che mettono in risalto la «libreria», ovvero la fascia muscolare addominale frutto di mesi sudati in palestra.

Le scarpe sono anch'esse espressione di contenuti erotici. La natura, infatti, ha dotato gli esseri umani di tre parti del corpo che vengono in avanti prima del resto del corpo: il seno per le donne, il pene per gli uomini, i piedi per entrambi. Ne consegue che le scarpe siano la parte del corpo che piú viene esibita tanto da essere un *must* per le collezioni di molti feticisti.

Il tacco alto naturalmente slancia, rende la figura femminile piú elegante, evidenzia i glutei ma è anche un simbolo fallico evidente. La donna che sceglie questo modo di incedere non è piú solo donna, è anche padrona, figura per nulla sottomessa, potenziale gladiatrice. Una volta un certo abbigliamento – di cui il tacco a spillo faceva obbligatoriamente parte – veniva definito *dress to kill*, vestito per uscire a cacciare, per uccidere. Dalla borsa al cinturone, dal pantalone militare agli stivali, agli occhiali scuri: piú che un abbigliamento, un inventario di sessualità molto aggressiva.

Anche per gli uomini le scarpe dicono di un modo d'interpretare la sessualità. Calzare mocassini inglesi, tradizionali e tranquilli, o stivaletti pitonati e a punta non è la stessa cosa. La punta è una prominenza, un altro indiscutibile simbolo fallico da esibire. È come avere una cintura con una lancia dritta che punta in fuori. Impossibile che passi inosservata.

Il trucco è il segno piú facile per decodificare un messaggio erotico. Una femminilità mite potrà passare sul viso una cipria opacizzante, difficilmente appesantirà le ciglia con strati di mascara nero, tantomeno disegnerà il contorno della bocca con colori vistosi e rossetti contrastanti.

Tuttavia, sul piano della seduzione truccarsi è diventata un'operazione di scarso interesse: la ricerca della sicurezza viene oggi affrontata radicalmente affidandosi alla chirurgia estetica. Una volta si mantenevano per tutta la vita i propri connotati. Oggi si passa attraverso tanti corpi modificati raddrizzando e rimpicciolendo il naso, gonfiando la bocca, rifacendo il seno, aspirando la cellulite, aggiustando le ginocchia, aumentando gli zigomi. Se un particolare non piace, si modifica.

Non necessariamente la parte del corpo che viene cambiata è la meno bella, bensí la piú significativa per l'eros di quella persona. Il seno, per esempio, è la parte del corpo femminile piú in vista, quella che sporge maggiormente e, per questo, quella che si può donare al partner. E ogni dono deve apparire bello.

In un'epoca ove regna la visibilità, l'erotismo ha invaso, banalizzandosi, perfino i telegiornali. La famosa torsione del busto di Lilli Gruber e il conseguente spostamento della spalla in avanti, in apparenza senza significato, si è invece dimostrata particolarmente felice dal punto di vista della comunicazione erotica. Il mento, quasi appoggiato sulla spalla e il gomito sulla scrivania esprimevano sensualità e aggressività che, uniti a una grintosa e lucente giacca di pelle nera, non potevano lasciare indifferenti nemmeno gli spettatori del telegiornale piú perbenista d'Italia (anzi).

L'importanza del sesso nella nostra cultura non rappresenta certo un cascame. Non vi è dubbio che in quest'ambito la televisione ha un ruolo fondamentale visto che tutto quello che trasmette il piccolo schermo incide sul piano dell'educazione. Tuttavia, non è detto che i ragazzi pensino di piú alla sessualità perché hanno seguito l'ultima puntata di *Sex and the City*. Né credo che rivestire le soubrette migliorerebbe il loro modo di vivere il sesso.

È compito degli adulti, dei genitori tenere conto delle novità e delle mutazioni che sono in corso e aiutare i ragazzi a esprimere con piú libertà il loro erotismo, tutto l'erotismo presente. La repressione e la censura porterebbero al risultato opposto.

I cambiamenti sociali, una volta messi in moto, sono difficili da fermare. È, infatti, indiscutibile che rispetto a trenta o quarant'anni fa i ragazzi vivano le prime esperienze sessuali in età piú precoce. Del resto è migliorato in genere il clima che si respira in famiglia, compresa la libertà. Assistiamo a un'anticipazione delle tappe di crescita condizionata anche dalla piú favorevole situazione economica che ha determinato pure una migliore alimentazione: ciò ha permesso, ad esempio, che il menarca insorga in media due anni prima rispetto a quarant'anni fa. Conseguentemente anche l'entrata nella vita sessuale ha subito un'anticipazione, naturalmente non solo ormonale.

Ai miei tempi la scoperta dell'altro sesso avveniva al liceo, ora alla scuola materna. Una volta i primi tentativi di seduzione riguardavano i quindicenni o i sedicenni, adesso accadono a dodici o tredici anni. E come in tutte le trasformazioni, anche in questa occorre guardare ai valori positivi e ai limiti che essa impone.

Da una parte gli adolescenti sono piú liberi di amare, dall'altra il rischio in cui possono incorrere è quello di bruciare le esperienze, credendo di conoscere già tutto dell'identità sessuale senza averla ancora pienamente vissuta.

Il problema riguarda soprattutto i genitori, che spesso non sono preparati ad affrontare questi cambiamenti. La maggior parte si sente in imbarazzo, non trova le parole giuste.

Le femmine, in particolare, hanno anticipato i tempi rispetto ai maschi della stessa età, godono di una maggiore libertà e di un minore condizionamento: manifestano atteggiamenti erotici aggressivi che spaventano l'altro sesso.

È il fenomeno della «mascolinizzazione del femminile», per la disinvoltura con cui le giovani si scelgono i partner e per la facilità con la quale, in poco tempo, consumano piú relazioni di quante le loro mamme abbiano collezionato in una vita. Una «sessualità take-away»: se un ragazzo piace, lo si prende come una lattina dal frigo, senza sapere neppure come si chiama. Può accadere nel parcheggio di una discoteca o nel bagno di una pizzeria.

In passato il mondo della sessualità giovanile ruotava intorno alla prostituzione e ciò era giustificato dal fatto che le ragazze non godevano di alcuna libertà. Oggi i tempi sono cambiati, eppure le prostitute come i locali hard continuano ad annoverare fra i loro migliori clienti uomini con mogli, compagne, fidanzate, ma anche molti ragazzi. È un mondo che ancora tarda a declinare, dove la propria fidanzata non è considerata donna pienamente: viene «santificata».

La scoperta precoce della sessualità porta anche un po' di tedio, di monotonia che le ragazze sul cubo, vestite solo di pellicola domopak, con la pelle spalmata di olio, per un attimo fanno dileguare: la volta successiva che quel ragazzo farà l'amore con la fidanzata penserà alla cubista. Eppure il successo di questi locali nasconde un'ulteriore motivazione, un'esigenza meno scontata. Tra le ragazze che vengono ricercate per passare nei privé, quelle piú richieste non sono tanto le splendide ucraine che hanno grande successo nella *lap dance*, in cui a contare è soprattutto il corpo, bensí quelle locali, le uniche con le quali si può parlare, le uniche con le quali ci si può identificare.

In questo surrogato di rapporto, infatti, molti ragazzi non vanno a cercare un'evasione sessuale, ma tentano di compensare il bisogno di comunicare liberamente. Necessità spesso sconosciuta a mogli, fidanzate, amanti.

Se ne ricava che il modo piú diffuso e «normalizzato» di vivere l'eros esclude il dialogo, la complicità.

La mentalità corrente – incrostata di una cultura veterocattolica – considera la coppia non quale fonte di piacere, bensí di collocazione sociale, dove i figli crescano nel migliore dei modi e dove la passione è un optional.

Un divertente saggio scritto anni fa dalla leader delle prostitute di Pordenone, *Quanto vuoi?*, affermava che i piú affezionati clienti, tutti benestanti e con famiglia, non le cercassero per fare sesso, ma per parlare.

Nonostante l'affermarsi della liberalizzazione dei costumi sessuali, continuano a esistere, ancora oggi, rapporti paralleli: da un lato la ricerca della donna obbediente e accondiscendente, dall'altro il bisogno di far emergere in qualche altra relazione la propria personalità.

Anche l'importanza e il significato dell'autoerotismo ha subito, nel corso degli anni, un'enorme trasformazione. Quando fare l'amore con una ragazza era una possibilità rara, l'autoerotismo rappresentava per l'uomo la soluzione a una obiettiva difficoltà, mentre per la donna, piú disinformata sul sesso, era un modo per conoscere il proprio corpo.

Oggi, per le coppie non consolidate, ha assunto un diverso significato. L'Aids e la paura del contagio attraverso il contatto diretto hanno moltiplicato l'uso di tecniche sessuali a basso rischio e l'autoerotismo non viene piú praticato da soli, ma anche in coppia. I preliminari che sostituiscono il rapporto completo diventano, in questa logica, un campo di nuova creatività erotica.

Una notte con Richard Gere o con George Clooney è un sogno a occhi aperti, una fantasia bella e gratificante che resta pur sempre una fantasia.

Il sogno erotico è diverso, piú serio, piú vero, piú drammatico. In questi casi, l'eros raggiunge il massimo della sublimazione perché unisce le caratteristiche del sogno e quelle dell'erotismo: l'imprevedibilità e l'irrazionalità.

Tutti facciamo sogni erotici. Anche se andando avanti negli anni cambia la frequenza e la «qualità». Da giovani si sogna l'eros in modo esplosivo e travolgente. Il ricordo di un sogno, infatti, segnala di solito un cambiamento emotivo che viene registrato nel profondo e da lí rimanda la sua reazione in forma onirica, come nella risacca del mare. Quando, successivamente, l'attività sessuale cessa di essere episodica i sogni si riducono in quanto la sorpresa è minore: continueranno a raccontare ciò che manca, ciò che abbiamo avuto in precedenza e vorremmo rivivere. In fondo, il sogno erotico è una ricerca d'appagamento, infatti non accade mai dopo una notte d'amore.

A volte il sogno è piú perverso, meno lineare: quando si riferisce a una paura, al timore di essere omosessuali o ninfomani o al ricordo di un episodio infantile con il cuginetto, un'attrazione verso un genitore, un malcelato richiamo verso molti ragazzi, una sensazione piacevole di baci e carezze in una situazione che nella vita reale piacevole non potrebbe essere.

Questi sogni compaiono sotto forma di metafora della paura e continuano a riproporsi fino a che il nodo non viene sciolto. Freud diceva che il nostro inconscio è fangoso, non solare, contiene piú rimosso che desiderato: è piú facile sognare ciò che è stato rimosso rispetto a ciò che si desidera.

Sempre piú persone si sottopongono a massaggi cinesi, trattamenti osteopatici, ayurvedici, shiatsu, linfodrenaggio: lo fanno a scopo terapeutico, estetico, rilassante o semplicemente per piacere. L'obiettivo finale del prendersi cura di sé è, in realtà, la conoscenza del proprio corpo. Sotto le mani esperte del massaggiatore si sente punto per punto la risposta fisica. Si scopre, un po' alla volta, la propria struttura e s'impara a conoscersi.

Questo è un passaggio importante per riuscire a esprimere il proprio erotismo e la propria sessualità senza inibizioni. Il legame che unisce il massaggio all'erotismo, tuttavia, è ancora piú stretto, soprattutto al giorno d'oggi.

L'epoca dei rapporti sessuali mordi e fuggi è in declino: si sta facendo strada l'idea di un erotismo lento, si vuole dedicare piú tempo a se stessi, all'altro, al sesso.

Un eros lontano dall'aggressività, sussurrato, coniugato con una filosofia piú generale di rilassamento. In questo modo il massaggio diventa lo specchio di questo nuovo erotismo.

Tutto ciò che ruota intorno al corpo – creme, oli, profumi – deve essere morbido, soft. Assomiglia per certi versi alla moda di tanti anni fa e di cui i Beatles furono precursori, andando sull'Himalaya a incontrare i loro guru. Piú tardi il movimento new age ha predicato una sessualità libera, non sfrenata. Poi però gli anni dello yuppismo portarono a un consumo piú convulso, quasi cocainomane, anche del corpo. La concentrazione sul sesso era minore, si faceva male e in fretta, erano gli anni del «sesso compulsivo».

Oggi si percepisce un ritorno agli anni Sessanta, un invito a prendersi tempo per sé. Anche le riviste maschili hanno sezioni sui cosmetici e gli uomini vanno in profumeria piú che trent'anni fa, si comprano le vasche idromassaggio e le creme antirughe. Tutto indica un atteggiamento meno aggressivo: dopo effluvi e massaggi non si è certamente pronti a sguainare la spada, ma si preferirà un incontro sessuale lento e rilassato.

Anche la pornografia si è dovuta adattare ai cambiamenti in atto. Lo sviluppo della tecnologia ha definitivamente messo da parte quella clandestina. Con la diffusione di Internet e l'uso dei cellulari di ultima generazione, le abitudini sono mutate. La tecnologia ha anche un'applicazione in campo sessuale. Un tempo occorreva procurarsi una videocassetta ed era imbarazzante entrare in un cinema a luci rosse; ora chiunque può collegarsi con le reti via satellite, e al sicuro nella propria casa fare delle scelte dettate dalle preferenze individuali che non distinguono piú tra i sessi: la pornografia nell'età di Internet ha raggiunto la pari opportunità.

Un fenomeno sul quale si aprono nuove domande che riguardano non tanto la fruizione quanto le ripercussioni che l'esperienza porno può avere soprattutto sulla coppia. Se entrambi fanno un uso consenziente della pornografia, solitamente non nascono problemi. Diverso è quando uno dei due sgarra e viene scoperto dal partner a navigare nottetempo attraverso siti porno: fenomeno questo che ultimamente ha costituito anche una crescente ragione per la separazione.

C'è da chiedersi – al di là di ogni moralismo – cosa possa portare a simili abitudini: uno dei motivi è da ravvisare nella scarsa confidenza tra i partner là dove la sessualità non è stata utilizzata per approfondire l'unione. Non avendo raggiunto un uguale livello di soddisfazione, solo una persona all'interno della coppia si sente completa e gratificata, il rapporto sessuale non costituisce un momento per comunicare, un linguaggio per capire le necessità, le preferenze dell'altro.

Sono coppie in cui esiste poco eros, e quel poco rivela scarsezza d'affettività.

Il marito che si rintana in Internet ha la responsabilità di non aver coinvolto la sua compagna, di non averla invitata a confidare le sue fantasie; ha tenuto per sé un mondo erotico, senza neppure pensare che poteva essere condiviso. È un uomo «sessualmente» solo, autarchico. Una solitudine che porta alla divisione, congela il rapporto.

Spesso succede che si cresca disgiuntamente dall'eros o, meglio, che l'eros non faccia crescere la coppia. Per questa ragione alcuni trovano l'amante, altri navigano in Internet, altri ancora frequentano i locali in cui trovano le ragazze russe o vanno a Cuba un paio di volte all'anno. L'erotismo, infatti, dovrebbe portare a un appagamento, a un equilibrio: se la coppia non lo raggiunge, significa che non è in grado di crescere. L'erotismo non è solo fruire passivamente di una cosa meravigliosa, non è un effluvio di amorosi sensi ma è anche un impegno che richiede fatica. Il volere di un uomo e le preferenze di una donna sono desideri che vanno valutati, cercati, sperimentati, inventati. Se si coltiva la voglia di conoscersi e di crescere insieme, difficilmente si avvertirà la necessità di fare scappatelle notturne navigando in Internet.

Il messaggio erotico per esprimersi non ha bisogno di tramonti, di colonne sonore e neppure di particolari messe in scena. Viene trasmesso ininterrottamente, è insito nel modo di essere di ogni persona.

La differenza poggia sul modo di percepire. Per l'uomo è più eccitante quello che vede, per la donna quello che «sente»: parole dolci, parole forti, parole volgari unite a carezze delicate, strette vigorose attraverso la pelle.

Non voglio con questo fare però una distinzione rigida tra maschile e femminile: so bene che nell'eros non esiste un atteggiamento tutto femminile, cosí come non esiste una condotta tutta maschile. Se a un uomo piace spiare stando dietro una porta, non è detto che qualche donna non si ecciti trovandosi nella stessa situazione.

Ancor oggi nella nostra comunità gli analfabeti sessuali sono a ogni angolo di strada, come le coppie gravate da vecchi stereotipi. Alcuni imparano cammin facendo, altri muoiono senza questa meravigliosa consapevolezza.

Vi sono uomini che hanno dedicato l'intera esistenza al lavoro, poi improvvisamente si accorgono che non è tutto lí. Le battaglie le hanno già vinte, hanno raggiunto un po' di potere e di denaro, vogliono godersi la vita e cominciano a guardare al di là della scrivania. Si accorgono che il lavoro ormai li annoia e che la quotidianità famigliare è ripetitiva. Realizzano che quella vita cui si erano consegnati è troppo tranquilla.

Improvvisamente lo spazio di quell'uomo si popola di episodi e di figure che fino ad allora aveva sottovalutato. Succede cosí che i suoi occhi si posino su una ragazza giovane, carina e disponibile: il gioco è fatto.

Lo stesso vale per una donna che sente le spalle incurvarsi sotto il peso delle responsabilità quotidiane, ha messo al mondo figli, si è sempre occupata della casa. E quando i ragazzi diventano grandi, si volta indietro a guardare quello che ha fatto e tirando fuori magari per la prima volta un grande spirito d'iniziativa, decide che è venuto il momento di ritagliare del tempo per sé. Non pensa necessariamente all'evasione, tuttavia, dando un'occhiata intorno scopre che il collega di lavoro o il signore della porta accanto sono piuttosto interessanti.

Entrambi sperimenteranno a letto emozioni mai provate.

Sono emozioni forti che creano un legame di dipendenza e che possono a volte mettere a repentaglio equilibri coniugali collaudati da decenni pur di non rinunciare a quello straordinario e nuovo magnetismo. Spesso si tratta di un'attrazione sessuale fortissima che però si mischia con la fascinazione per il diverso, per l'idea di concedersi la libertà e la possibilità di andare oltre il consentito: la voglia di sentirsi non solo un dirigente o una madre, ma anche un maschio o una femmina.

Una volta provato il nuovo, qualcosa cambia in profondità e spesso è difficile tornare indietro: un vecchio contadino emiliano un giorno mi disse: «È facile passare dal brodo ai cappelletti in brodo, ma è molto difficile passare dai cappelletti in brodo al brodo».

Soprattutto non tornano indietro le donne, che essendo spesso meno ipocrite e codarde dell'uomo, piú di tanto non reggono la doppia corda. A un certo punto dichiarano apertamente la situazione e mettono le valigie del coniuge fuori dalla porta.

Mi riferisco a incontri fatti in età matura, tanto potenti e innovativi da avere effetti devastanti.

Queste considerazioni non ci devono far dimenticare che in realtà tutto ciò nasce da un'esigenza sana: un eros finalmente autentico.

Si prenda il caso di una donna completamente rapita, portata via dal rapporto sessuale appena scoperto. Dice che il modo in cui fa l'amore con il nuovo partner non ha precedenti e precipita in uno stato di dipendenza totale, non riesce piú a ragionare. Alcune donne riescono a vivere la nuova storia con la distaccata consapevolezza che si tratti soltanto di pura fruizione sessuale, ben controllata sul piano razionale, quasi fosse un'uscita con un gigolo. Un atteggiamento dai connotati maschili, tuttavia ben protetto. Certe signore mi confidano di vedere l'amante due volte al mese e che non si fanno fantasie diverse: lui ha solamente quella funzione. Non sono certo questi gli eventi che buttano per aria una vita. In fondo anche le donne che perdono la testa per l'amante di turno sanno che uno sbocco diverso – la crescita di un rapporto – non esiste e che la vicenda va bene solo in quanto complementare a qualcos'altro.

Un po' di mistero è un toccasana per la coppia, in assenza di segreti i problemi anziché diminuire aumentano.

L'eros non va mai totalmente svelato, vi sono cassetti che non vanno aperti per forza. Vi può essere un partner che per mantenere un buon equilibrio nella coppia ha necessità di un surplus di erotismo, un eccesso di fantasia che non deve essere indagata a tutti i costi. È una forma di ossessione contemporanea quella di voler capire tutto e tutti a ogni costo. L'erotismo odia le categorie; mettere in una casella gli esseri umani, come gli entomologi fanno con le farfalle, è un'offesa alla nobiltà dell'animo.

Per secoli ci hanno insegnato che prima viene il dovere, poi il piacere: in realtà il piacere viene di rado e la sua conoscenza è stata rallentata proprio da questi antichi precetti calvinisti. Non mi riferisco solamente al sesso, anche a una mostra, a un libro, a un concerto.

L'idea che una coppia debba sacrificare le proprie pulsioni e la carica erotica a un ruolo sociale di moglie-marito-figli-famiglia rappresenta uno stereotipo che, trascinato da decenni, rischia di continuare a trasmettersi anche ai giovani. È difficile che una mamma dica alla figlia di non pensare a sposarsi ma a essere felice, realizzata, desiderata. Questo conta.

Ancor oggi le domande dei genitori ai figli riguardano piú spesso la provenienza sociale del nuovo amore piuttosto che l'intensità, il rispetto, l'onestà del sentimento. Come se fosse piú strategico per il futuro di un'esistenza felice il tipo di studi fatti o lo stipendio percepito.

Si trasmette cosí in modo insensato un'idea di coppia che debba avere un valore sociale, economico, normativo, ma essere priva di quello emotivo.

Dovremmo parlare di piacere ai figli, per aiutarli a vivere un erotismo espressione completa di un individuale e libero e felice modo di amare.

> O animale infruttuoso e becero
> che insidi il cuore dell'uomo
> e come bruco in una mela giovane
> metti il tonfo del tuo peccato.
> Tu non sei ilare come il verso
> che cresce nel sentimento
> sei forzato e gelido
> come una mano di morte.
>
> ALDA MERINI

Durante un periodo di lavoro a Copenaghen, verso la fine degli anni Settanta, mi avevano invitato a vivere in una «comune», la piú famosa e per certi versi mitica: si chiamava Millefiori.

Ero curioso di vedere da vicino come funzionasse un luogo in cui tutto era collettivo, compresa la cucina, e dove, conseguentemente, anche i rapporti affettivi risentivano di una certa promiscuità. Cosí accettai.

Una notte fummo svegliati dalle urla di un ragazzo che si agitava per strada. Faceva molto freddo ed era venuto a battere i pugni sui vetri delle finestre del piano terra. Chiamava a gran voce una ragazza che viveva in quella casa; proprio quella che mi ospitava. Lei riconobbe subito la voce del fidanzato appena lasciato.

Ricordo la paura nei suoi occhi e anche la mia, visto che si trattava di un bestione inferocito.

Quella notte mi resi conto di quanto – pur essendo immerso nella cultura nordica, in un Paese e soprattutto in un luogo dove ognuno si sentiva autorizzato a praticare una totale libertà di costumi, lontano dall'idea di possedere qualcosa o qualcuno – anche lí potesse palesarsi un Otello danese che rivendicava un diritto su una ragazza: chiara dimostrazione che la gelosia non è correlata alla latitudine o agli stili educativi, ma al contrario a una debolezza di ognuno, a prescindere dalla cultura, dalle convinzioni ideologiche, dall'appartenenza sociale. Fa parte di tutti gli uomini e le donne: tra Sicilia e Danimarca la differenza è impercettibile.

Questa convinzione ancora oggi si rinforza in me ogni volta che vedo e ascolto storie di donne e uomini, giovani e adulti, accecati dalla gelosia, divorati dal sospetto. Sono cresciuti in Paesi diversi, provengono da ambienti culturali distanti eppure diventano ugualmente possessivi, aggressivi, anche violenti, quando si tocca il sensibilissimo tasto dei sentimenti.

Nell'immaginario corrente la gelosia è associata a liti, scenate, schiaffi, lettere anonime, violenze psichiche. Un tempo era motivo di sfide a duello: solo nel 1981 è stata abrogata dal nostro Codice una norma che tendeva a diminuire la rilevanza penale della causa d'onore. Perfino omicidi e gravi lesioni personali potevano portare a un minor aggravio della pena se associati alla causa dell'onore.

La gelosia – quando assume la forma psicologica dell'ossessione – è un tarlo, un sentimento che si annida in una zona talmente profonda della mente da essere difficilmente contenibile.

È un sentimento capace di svelare e raccontare, quasi descrivesse una mappa dell'umanità, le ragioni che muovono la disperazione e il diventare soffocanti con un uomo, una donna, con i parenti, i colleghi e gli amici.

Infatti le manifestazioni esterne, piú o meno violente, non sono che l'ultimo anello di una lunga catena che parte dal rapporto che ciascuno ha con se stesso, con il proprio modo di essere.

Non sono gli eventi a suscitare gelosia: semplicemente mettono in moto un meccanismo preesistente che affonda le proprie radici in un'antica carenza di serenità che spesso da sola è in grado di rovinare l'intera esistenza.

Tuttavia è fondamentale conoscere la gelosia – come ogni altro turbinio d'emozioni della vita psichica di ognuno – proprio perché questo assillo possa essere, almeno in parte, svelato e dunque compreso. Probabilmente non sarà facile eliminarla dalla vita, ma si potrà imparare a convivervi con dignità.

Alcune persone sono gelose dalla nascita, gelose di tutto e di tutti: partner, amiche, colleghi, oggetti, animali, idee. Il geloso intravede un pericolo dietro ogni relazione, è vittima di un'immaginazione potenzialmente pericolosa che può sfociare in una forma assai simile alla paranoia: ovvero alla convinzione di essere perseguitato, osservato, denigrato, oggetto di malversazioni.

Egli è dominato da un pensiero fisso – il sospetto – e cade in preda a un'ossessione che impone dei gesti rituali tipicamente impulsivo-compulsivi: frugare nelle tasche, controllare gli Sms e il contachilometri, spiare una conversazione da dietro la porta, rubare dall'agenda un numero di telefono, rimanere ore chiuso in macchina per osservare i movimenti del partner.

Il geloso vive sapendo perfettamente che questi controlli distruggeranno il rapporto, ma non può farne a meno. Sta male, è inquieto, dorme poco, difficilmente si diverte, non si rilassa mai.

Eppure non riesce a correggersi. Sa bene che sentirsi agenti segreti, impiccioni e malfidati lo rende ancora più antipatico, ostile e respingente. Si tormenta anche quando non è presente una ragione che giustifichi quel timore. Il geloso è fondamentalmente un autodistruttivo.

La sua quotidianità è tempestata da un continuo rimuginare dubbi e incertezze, è un andare alla deriva inseguendo tragici presentimenti piuttosto che un soffrire per un tradimento reale. Il sospetto è un pensiero talmente potente da annientare ogni evidenza razionale: per il geloso l'arte è dubitare, non verificare.

Esistono, evidentemente, anche gelosie «vere», quelle vissute da chi tendenzialmente non è geloso e che si fida fino a quando non accade qualcosa di «stonato»: da quel momento si aprono due strade. A volte, sciolto il malinteso e superato il nervosismo, i rapporti riprendono a scorrere con una certa tranquillità; altre volte lo shock è talmente brutale che, come un'onda anomala, trascina via tutto: in realtà è una tempesta che riporta a galla ciò che il mare nascondeva. La gelosia non s'inventa, la si scopre con meticolosità.

La sensibilità in rapporto alla gelosia è, per definizione, variabile. Per qualcuno infatti è sufficiente avere il sospetto del tradimento per cambiare le serrature di casa. Per altri è abbastanza, per farsi salire il sangue alla testa, udire il proprio compagno salutare un'amica per strada con un «Tesoro»: può succedere di attraversare un periodo delicato, di stanchezza, in cui ci si sente piú vulnerabili del solito e si tende a ingigantire qualsiasi piccolezza, anche un «Tesoro».

Differente è sentire il segnale di un messaggino che arriva sul cellulare del partner alle tre di notte. Magari fino ad allora tutto era filato liscio, ma in quel momento, per la prima volta, ci si sente tremare la terra sotto i piedi. Alla domanda impetuosa che intima di rivelare l'identità dei saluti notturni, inizia una discussione che sull'onda emotiva degenera in litigio spesso esacerbato da inutili, infantili negazioni. Dopo queste sfuriate è difficile riassestarsi su un piano di fiducia reciproca. E quando successivamente, alle dieci e mezzo di sera, arriva una diversa telefonata – questa volta davvero di un amico – scatta l'indignazione definitiva che non porta alla minaccia di cambiare le chiavi della porta, ma anche a qualcosa di peggio: la perdita della fiducia.

Spesso infatti la delusione prende il sopravvento, le aspettative si abbassano e il rapporto si trasforma in sopportazione. Si finisce perfino di litigare, tutto si assopisce, si mette il silenziatore. È un vivere l'amore in sordina, temendo di ricevere o di assestare il colpo letale. Coppie con alle spalle anni di matrimonio incapaci di elaborare la grande delusione, ma che pur di non arrivare allo sgretolamento definitivo, si rassegnano a vivere la mediocrità accettando il sospetto come coinquilino della loro unione. Alla fine trovano consolazione raccontando a loro stessi che si è gelosi solo di qualcosa o di qualcuno che interessa molto, ci si dice che la gelosia è una forma d'amore. Immaginaria o reale che sia, parte sempre dal cuore e dalla pancia, mai dalla mente.

La gelosia non ha sesso prevalente: uomini e donne lo sono ugualmente e, anche se per ragioni diverse, entrambi tendono a reagire come i loro antenati preistorici. Nei maschi cova un'atavica e inconfessata paura di dover dare da mangiare anche ai figli illegittimi, mentre tra le femmine prevale l'angoscia di perdere chi le tutela e le protegge. Per secoli, quando il compagno si allontanava, nutrire la prole diventava un problema irrisolvibile: ecco perché il maschio teme soprattutto l'infedeltà sessuale della compagna, mentre la femmina ha paura di un coinvolgimento emotivo che può portare il partner lontano dai figli.

Qualunque sia il genere d'appartenenza, l'interruttore che accende il furore del geloso è sempre lo stesso: una dose massiccia d'insicurezza. Smarrimento che prova nei confronti di se stesso prima ancora che nei confronti degli altri.

Non è, infatti, la gelosia a essere innata, bensí la paura di essere abbandonati, di non sentirsi abbastanza amati, di non trovarsi al centro dell'attenzione. Sono apprensioni e affanni che, nella vita matura, tendono a creare un rapporto molto forte di dipendenza.

I gelosi non possono fare a meno della loro «vittima»: la tranquillità e il benessere dipendono dall'attenzione e dall'interesse che il partner manifesta. Infatti il motore che fa diventare gelosi è il bisogno di possedere qualcuno subito, di «avere» immediatamente colui o colei che attrae. E insieme al bisogno, la paura di non riuscire a controllare il proprio oggetto d'amore. Sono molle che fanno scattare un malessere incontenibile, che dànno impulso a quei dubbi sempre piú angoscianti che trasformano la vita in una continua caccia all'indizio. E alla fine sfociano in una sofferenza devastante, che toglie sonno e serenità, una febbre che non dà tregua e assale giorno e notte, giovani e vecchi, uomini e donne.

Il che non implica che nei due sessi la gelosia si esprima in modo uguale. Volendo generalizzare, si potrebbe affermare, come dicevo sopra, che l'uomo si torce per il timore di essere fisicamente tradito, mentre la donna piú che il rapporto sessuale teme il coinvolgimento emotivo con un'altra. Il maschio vive come rivali tutti coloro che hanno le stesse caratteristiche fisiche e intellettuali, tuttavia maggiormente dotati; la femmina ha timore delle figure femminili diverse: se è casalinga sospetta della collega di lavoro, se ha un impiego fisso fuori casa teme la donna creativa.

La frequenza e l'intensità dei litigi, degli interrogatori e degli urli dipendono dal livello d'insicurezza di ciascuno. Eppure dovremmo sapere che piú si tiene stretta la propria vita piú si rischia di perderla, piú la si lascia andare piú la si salva.

L'autostima è la base indispensabile per vivere sereni, quando manca mette a rischio la vita emotiva.

Per queste ragioni, chi ha una buona considerazione di sé può passare attraverso una crisi ma prima o poi ritrova la tranquillità. Magari non sarà in grado di eliminare completamente la gelosia, tuttavia riuscirà a recuperare fiducia in se stesso. Chi invece non si vuole bene e punta tutto sulla presunzione di saper governare una storia sentimentale, può essere travolto anche da un Sms.

Vorrei, a questo proposito, fare un'ulteriore considerazione che aiuti a capire l'importanza dell'autostima. Alcune ragazze, gelosissime nell'adolescenza, da adulte diventano donne tranquille e serene. Questa metamorfosi non è cosí sorprendente. La gelosia della ragazzina è la manifestazione della sua totale insicurezza, di una personalità incerta, in cerca di conferme. Successivamente, può avere la fortuna di trovare la strada per esprimere quello che preferisce, che sa fare, magari incontra un maestro che la guida, un ragazzo che la sa amare per ciò che realmente vale. E mattone su mattone, incomincia a costruirsi una vita di donna, ogni passo è un gradino verso la conquista della fiducia in se stessa. Diventa piú solida, sa che può contare sulle proprie forze, scopre che dentro di sé le ombre sono presenti ma che esiste anche luce, sente che può amare e essere amata. In questa donna difficilmente la gelosia troverà appiglio.

Dal momento che un po' d'insicurezza è insita in ognuno, si sarebbe portati a pensare che tutti siano potenzialmente gelosi. Per fortuna non tutte le incertezze si trasformano in gelosia. Alcuni sono tentennanti sul lavoro e molto sicuri sui sentimenti, altri viceversa. Cosí come non tutte le insicurezze hanno lo stesso peso: un conto è non sentirsi abbastanza amati, altro è essere preoccupati per non aver studiato abbastanza per riuscire a superare un esame.

Le persone possessive spesso si aggrappano ai vecchi oggetti, fanno fatica a programmare un trasloco, accumulano sentimenti e sensazioni con lo stesso accanimento di Arpagone. Per una serie di ragioni, per le privazioni subite dalla vita, anche non solamente sul piano sentimentale, hanno perso la fiducia in se stessi, nel mondo. Si ritrovano senza riferimenti e senza certezze. Hanno paura di non possedere piú niente e per colmare il vuoto lasciano straripare il bisogno di possedere. Si attaccheranno al partner con avidità.

Per molti la paura – l'altro lato dell'insicurezza – viene vinta chiudendosi negli affetti, impedendo che si aprano agli altri.

In quest'ottica malsana si ribadisce il possesso, l'appartenenza, la necessità intimata quasi vi fosse un obbligo di essere consolati, protetti in un mondo che può solo fare del male. Il partner rappresenta un'armatura da stringersi addosso come un involucro per attutire gli attacchi che arrivano dall'esterno. La sola idea di perdere il proprio riferimento amoroso suscita un terrore che rende ciechi e aggressivi.

Il pensiero radicato è contenuto sempre nella stessa impellente richiesta: pensare soltanto e sempre all'amato. L'assenza del pericolo di un tradimento non cambia la portata della crisi. È il senso d'impotenza che attanaglia e diventa una catena in cui vige l'illusione di poter tenere prigioniero il partner: invece lo si sta stritolando.

Ricordo una discussione tra due giovani sposi. Il marito aveva espresso il desiderio di uscire ogni tanto con alcuni compagni di classe del liceo. Ogni volta che succedeva, la moglie iniziava a fargli una pioggia di telefonate che lui non sopportava. Durante la lite la ragazza motivava quel gesto sostenendo che se avesse avuto bisogno di qualcosa, voleva essere certa che rispondesse. Piú si ostinava in questa richiesta piú il marito, vedendo il numero sul display del cellulare, non rispondeva, arrivando a spegnere il telefono e a rincasare sempre piú tardi. Sarebbe stato perfino banale consigliare a quella ragazza che non è il controllo a oltranza a sventare i timori, ma probabilmente non sarebbe bastato a convincerla: lei pensava solo a se stessa, non a lui.

In questo caso si tratta di una gelosia diversa dalla tradizionale questione d'onore o dal classico orgoglio ferito. Il senso del possesso è sempre esistito, ma la motivazione acquista un senso piú attuale. La necessità è di mantenere in equilibrio un rapporto che rappresenta l'unico punto fermo in quel mare d'incertezze che è diventata oggi la vita. In un mondo insicuro il rapporto affettivo può diventare l'unico porto che occorre difendere da tutto e da tutti.

I legami che s'intrecciano fra le mura domestiche, le esperienze maturate nell'ambiente famigliare influenzano la possibilità di amare, quindi la tendenza a essere gelosi e la capacità di subire la gelosia altrui. Quello che accade tra genitori e figli, tra fratelli e sorelle lascia un segno, non sempre in una direzione scontata.

A volte sembra complicato vivere con serenità perfino l'arrivo di un fratellino: scatena sempre reazioni contrastanti. La gravidanza è spesso vissuta con apprensione e il bimbo, che ha antenne sensibili, si sente emarginato perché pensa di dover lasciare libero il palcoscenico. Non è un episodio che dura pochi mesi e può determinare una futura gelosia: spesso questo senso di esclusione percorre l'infanzia intera con conseguenze che arrivano anche oltre l'adolescenza.

La famiglia è una fabbrica di sentimenti complessi e contraddittori. Una madre è portata ad amare di piú il figlio tranquillo, che sembra non creare problemi. In realtà è perfettamente consapevole del valore dell'altro, ne apprezza l'intelligenza, ma non ne tollera la vivacità. Nasce tra i fratelli una sfida piuttosto che una solidarietà. Senza accorgersi, quel genitore esprime l'approvazione per un figlio e pronuncia correzioni all'altro. Ne consegue che «questo» figlio deve conquistarsi tutto con le unghie e con i denti, si sente insicuro e vede gli altri come ostacoli, fino a considerarli nemici.

Basterebbe pensare alle ragioni che muovono le liti per le spartizioni di un'eredità: non è il denaro in sé, ma il veleno masticato per trent'anni e tirato fuori in quello che potrebbe essere l'ultimo incontro. Se non si è potuto fidarsi dei fratelli, non sarà facile fidarsi del partner.

Il sentimento di gelosia di un padre prevede spesso due momenti. Quando nasce il primo figlio teme di perdere i privilegi di cui fino a quel momento godeva: una moglie attenta per la quale era sempre al centro dell'attenzione. Teme che la nascita del figlio lo farà entrare in un cono d'ombra. E se quell'uomo è un po' narciso e immaturo si sentirà ancor piú escluso determinando una vera e propria fuga dalle responsabilità, a volte anche fisica. Ha paura di non poter piú fare la vita di sempre, di avere meno peso nelle decisioni, di non poter piú permettersi certe vacanze, prende coscienza di dover rispettare le ore dei pasti. La fuga termina di solito quando la nuova famiglia s'assesta e gli riconosce nuovi spazi, cosí riesce ad accantonare il risentimento. A volte capita che quell'uomo rispolveri la ferita magari quando la figlia vive una storia d'amore importante o il figlio, brillantemente laureato, inizia a lavorare. Quel padre, che a cinquant'anni si sente ancora sulla breccia, diventa terribilmente geloso del fidanzato della ragazza e del posto di lavoro che il figlio ha conquistato in una multinazionale.

In realtà, quell'uomo non sa invecchiare.

La rivalità fra madre e figlia segue percorsi differenti. Scatta solitamente quando la ragazza è ancora adolescente e vorrebbe sentirsi adulta mentre la madre si ostina a ignorare la data di nascita, frequenta la stessa palestra, si mette lo stesso body: cerca di protrarre la propria giovinezza oscurando le legittime aspettative di crescita della figlia, la quale non può sbocciare perché nel teatro della famiglia il ruolo della seduttrice è ancora occupato da un'altra: la mamma.

Quella ragazza può arrivare a diventare perfino aggressiva e quando all'orizzonte si profila un giovanotto che le interessa, entra direttamente in competizione con la madre giovanile, carina, palestrata, ben vestita, che volendo coltivare il rapporto amicale con la figlia, frequenta perfino gli stessi locali, ascolta la stessa musica. Come potrebbe quella ragazza possedere la malizia e la furbizia di una donna matura e non finire per temere che il giovanotto sia piú interessato alla mamma che a lei? Inevitabilmente scatta una «gelosia concorrenziale».

Un classico esempio di gelosia famigliare mediterranea è costituito dalla figura delle suocere. A volte si tratta di donne invadenti che finiscono per identificarsi totalmente con il ruolo di madre diventando iperprotettive nei confronti del figlio. Hanno bisogno di essere considerate le piú importanti, le migliori e soffrono di gelosia nei confronti della nuora che deve sopportare l'insopportabile. È già una fortuna se non abitano porta a porta, altrimenti con la scusa dell'aspirapolvere sarebbe impossibile togliersele di torno. Inutile illudersi: è un distillato di gelosia che non cambierà, anzi, con l'età la paura di perdere il figlio aumenta come la dipendenza. L'unico che può tenere sotto controllo la situazione è proprio il figlio-marito, ma non sempre è in grado di sopportare i ricatti affettivi della madre, nemmeno quando si tratta di stabilire un civile diritto all'indipendenza.

Parlando di gelosia non si può non far riferimento alla competizione tra la prima e la seconda moglie. Un affresco straordinario lo ha fornito il celebre film di Hitchcock *Rebecca, la prima moglie*, nel quale la suspense origina dall'idea della seconda moglie che, essendo Rebecca inarrivabile per bellezza, eleganza, tratto, teme che il marito sia sempre perdutamente innamorato di lei e trovi nel secondo matrimonio soltanto una pietosa consolazione.

La rivalità tra le due donne, in assenza di figli, spesso convive senza eccessi, ma quando vi è di mezzo un figlio allora tutto cambia. Se infatti il bambino, passato il weekend con il papà e la nuova compagna, torna a casa con il mal di pancia per aver mangiato troppo cioccolato o con il raffreddore per essersi bagnato i piedi camminando sui prati bagnati, scatta l'ira funesta della madre che convoglia su quei dettagli il suo rancore per la nuova del suo ex. E se, un'altra volta, il bambino si è divertito e torna contento, scatta una gelosia ancor più nera, soffrendo all'idea che il figlio si possa trovare meglio con la nuova compagna – esentata dalla fatica della quotidianità – piuttosto che con la madre costretta a ritmi di lavoro disumani, senza ovviamente cercare di comprendere che anche l'altra ha bisogno di conquistarsi la simpatia del bambino per consolidare la sua posizione. Mentre quest'ultima a sua volta teme che i commenti della mamma possano metterla in cattiva luce. Le due donne continueranno a viversi con diffidenza finché il figlio non sarà cresciuto e diventato autonomo nel giudizio.

La gelosia per la fidanzata di papà rischia di esacerbarsi quando l'uomo – incautamente – presenta subito alla figlia adolescente la nuova compagna, la quale – e l'adolescente lo capisce benissimo – non capita in casa soltanto per prendere il tè, ma rivela una familiarità con le stanze piú intime della casa. Può accadere, oggi ancor piú frequentemente rispetto al passato, che non abbia proprio l'età della mamma, ma solo un paio di lustri in piú delle sue compagne di scuola. Allora nella figlia la gelosia per un'altra donna si mescola al turbamento di intuire che il padre possa avere rapporti intimi con una quasi coetanea: una ferita difficile da curare. Quella figlia è nell'età in cui vorrebbe il papà tutto per sé, mentre lo vede portato via in un modo che assomiglia a un vero e proprio tradimento.

Il possesso amoroso è una forma di gelosia tutt'altro che in disarmo perfino tra i giovani di oggi. Ricordo una ragazza di vent'anni che non riusciva a decidere cosa fare in una relazione con un ragazzo geloso che le impediva di uscire da sola, di coltivare amicizie se non comuni e opponeva resistenza a che lei frequentasse la facoltà cui si era iscritta. Sapere che nel terzo millennio un ragazzo cerchi di impedire a una fidanzata di andare all'università non può che suscitare sdegno: scoprire che esistano ancora dei maschi che avanzano queste pretese è preoccupante quasi quanto sapere che vi sono altrettante donne disposte a sacrificarsi ai piú assurdi voleri del partner. Sono storie che potrebbero essere state scritte cent'anni fa: eppure sono certo che la mamma di quel ragazzo non troverebbe nulla da rimproverarsi dell'educazione data al proprio figlio. Il progresso nelle relazioni è ancora agli inizi e ciò dovrebbe preoccupare anche le madri e i padri che allevano figli ancora cosí insicuri negli affetti.

Sarebbe curioso sapere cosa avesse amato quella ragazza in quella relazione: potremmo scoprire che si può amare anche il possesso subito.

Se fosse direttamente proporzionale all'amore, la gelosia troverebbe una qualche compensazione al tanto patire per i musi lunghi, i silenzi, i dispetti, le scenate. È per questo motivo che a qualcuno piace pensare che solo in un legame intenso si possano giustificare certi comportamenti. Questa illusione gratifica coloro che credono che diventi geloso soltanto chi possa offrire un amore profondo ed esclusivo. A volte questa convinzione assume le sembianze di un compiacimento, altre una nota d'esibizionismo: l'impossibilità di astenersi dall'esagerare proprio in quanto si sta assistendo all'esternazione di un amore senza precedenti.

Se queste convinzioni avessero una base verosimile, sarebbe tutto piú facile. Invece «Amore vuol dir gelosia» è soltanto il titolo di una canzone di successo di tanti anni fa, diventato uno slogan, un luogo comune molto lontano dalla verità.

L'amore, quello vero, si regge su fiducia, condivisione e affidamento, non sulla paura. È una comunione di intenti, di gusti, di ideali, di anime: desiderio di stare insieme, senza che nulla intervenga a turbare il dialogo intimo che intercorre nella coppia.

La gelosia è l'esatto opposto: è accusa, sospetto, mancanza d'affetto. È geloso chi non sa amare. Chi ama ha fiducia nell'altro, vuole e sa affidarsi, sa mettere la propria vita nelle mani dell'amore. Amare include fiducia e affidamento. Se non si è in grado di pronunciare questi due imprescindibili sostantivi, non si conosce l'amore.

Nella fase iniziale di un amore talvolta accade di soffrire e di sentirsi a disagio senza rendersi conto che si sta affacciando la gelosia. Penso soprattutto agli amori giovanili, quando le esperienze sono ancora acerbe e non cosí profonde per accorgersi dell'avvento di quel sentimento nuovo e sfrontato. La gelosia spesso esordisce in modo contenuto, non necessariamente esplosivo, né è obbligatoriamente prodotta da fatti estremi. A volte nasce sopita, internamente: cosí capita che i giovani si dibattano nel turbinio di un'emozione senza nome.

Molti giovani soffrono senza capire che l'amore è nobile e nasce dal rispetto, mentre la gelosia si nutre di ricatti affettivi per governare la vita degli altri.

Le donne, spesso, sentono un'inquietudine indotta dalla paura di non sentirsi adatte all'uomo che amano, che hanno scelto e che magari hanno anche sposato. Si chiama gelosia del presente e nasconde una profonda insicurezza. Arrivano alla consapevolezza che – non sentendosi di valere un granché, non credendosi abbastanza belle, brave o non avendo un buon carattere – prima o poi quell'uomo si stuferà e cercherà, o forse sta già cercando, una donna migliore. In questi casi s'innesca un meccanismo perverso che somma sfiducia a sfiducia, arrivando a credere di non essere, o di non essere piú, all'altezza della situazione.

In realtà non è accaduto nulla che debba inquietare quella donna, non esiste un solo elemento sospetto, eppure i progetti comuni e le battaglie superate insieme non rassicurano piú. E quando si pensa di valere poco, anche il tempo che passa è vissuto come un pericolo, perfino a trent'anni. In questo modo inizia una «non vita»: dall'amarezza di vedere allontanarsi la giovinezza si passa alla gelosia e nel tentativo di trovare pace s'incomincia a controllare tasche e cellulare per dare conferma ai propri sospetti, che è sempre piú facile rispetto a fare i conti con la propria vita. Sono i comportamenti tipici di chi non riesce a chiedere a se stesso quali siano le ragioni della propria insicurezza, le lacune sofferte, o quale invece il benessere interiore coltivato e raggiunto. Se quella donna riuscisse a soffermarsi e a vedere meglio nella propria esistenza, troverebbe la fiducia per costruire un rapporto diverso, anziché tendere a fossilizzarsi sulle insicurezze.

Cosí i pensieri tristi non si fermano piú. Si arriva a pensare che lui stia con lei per ragioni di comodo, perché è sempre stata disponibile, pronta a rispondere al primo squillo del telefono e si compatirà nel sentirsi sempre accondiscendente. Tutto ciò fa crescere l'insicurezza fino a sfociare in un dubbio atroce: qual è la ragione per cui quest'uomo sta con me? La donna gelosa arriverà alla conclusione di essere in grado di offrire soltanto elementi negativi e ciò la convincerà di dover attendere passivamente il capolinea della noia o d'intraprendere la strada del sospetto e della conflittualità quotidiana.

A volte la ricerca di una conferma alle proprie debolezze diventa affannosa.

Un ragazzo di trent'anni mi raccontò che un giorno, mentre era a casa della fidanzata, lei aveva ricevuto una telefonata dall'ufficio che l'obbligava a uscire precipitosamente. Rimasto solo nell'appartamento, cominciò a frugare dappertutto finché non scoprí una lettera che rendeva palese che la ragazza avesse un amante. Quando lei tornò, di fronte alla furia di gelosia di lui, rispose: «Hai semplicemente trovato quello che stavi cercando». Quante volte inconsciamente si fa di tutto per materializzare un sospetto? Si cerca una prova per dimostrare che non si è gelosi in modo folle, ma in modo giusto. E ciò legittima chiunque a non fidarsi mai piú di nessuno (che è esattamente quanto molti gelosi vogliono).

L'insicurezza, in qualche caso, ha origine diversa. Si prenda ad esempio un uomo di potere, ricco e famoso: non sarà forse tormentato dal dubbio che la donna che esce con lui sia piú innamorata della sua carta di credito? La sua gelosia è concentrata nell'attesa spasmodica di un segno, di un indizio in grado di rassicurarlo riguardo alla sua reale capacità di affascinare: cosí quell'uomo, apparentemente privilegiato, vivrà un eterno conflitto che lo porterà a cambiare fidanzate con la segreta speranza di ottenere segnali piú convincenti.

Speculare a questo disagio è quello che tormenta molte donne che pensano di avere nell'avvenenza fisica la loro arma migliore. Molte vivono nell'incubo di dover ammettere che buona parte del loro successo sociale è determinato piú dalle loro curve – peraltro soggette alla legge di Newton – che non dalla loro personalità.

Una delle declinazioni piú comuni della gelosia – anche se tra le meno ammesse – riguarda quella «retrograda», ovvero riferita al passato. L'esistenza, infatti, in qualche parte del mondo di ex fidanzati o fidanzate – anche quando dopo la rottura non si sono mai fatti vedere – continua a turbare profondamente molti. La ragione poggia sul fatto che non poche persone – e non necessariamente giovani – tendono all'ambiguità affettiva. Si tratta del fenomeno della *revolving door*, della porta girevole: quando una storia finisce non si chiude mai definitivamente, non si tagliano i ponti, ma si lascia uno spiraglio che a volte conduce a nevrastenici tira e molla che si prolungano oltre ogni ragione. Naturalmente il gioco è perfettamente specchiato: non avendo mai del tutto reciso il filo sentimentale precedente, si è portati a pensare che anche il partner possa aver fatto altrettanto. Si vede nell'altro o nell'altra ciò che maliziosamente si consente a se stessi. Cosí capita che sia sufficiente pronunciare un nome per determinare una tempesta: figuriamoci se, accanto al nome, viene aggiunta l'ammissione di coltivare ancora un «buon ricordo».

L'idea di misurarsi con una figura del passato di cui si sa poco e di cui si teme tutto, non può che portare alla destabilizzazione cronica di un rapporto.

La gelosia del passato implica una certa sicurezza sul presente in quanto manifesto. È la maschera che spaventa, sono le ombre a minare la sicurezza e a poco o nulla valgono le rassicurazioni. Il guaio è che parlare del passato, anche in modo innocente, peggiora le cose: ricordare un viaggio o quell'albergo di Parigi e lastricare la strada della relazione di chiodi è un tutt'uno. Non ho mai capito perché certe persone sembrano divertirsi a citare episodi trascorsi – con tutti i particolari annessi – al partner: c'è del sadismo in questa forma di spregiudicatezza, manca il rispetto della sensibilità altrui.

Competere con uno sconosciuto senza volto è impensabile, per di piú con un passato che ha lasciato tracce cosí indelebili. È un confronto impossibile, una battaglia persa.

E l'inquietudine aumenta, confrontarsi con un fantasma, rivaleggiare con quella foto sul comodino fa deglutire amaro anche perché – e qui si annida la perversione – non si può nemmeno lanciare una sfida.

Lento, silenzioso, s'insedia un tarlo. Non ci si sente mai definitivamente scelti, ma solo provvisoriamente accettati: al massimo si può sperare di essere per un breve periodo di tempo al posto di quella faccia incorniciata d'argento vicino al cuscino.

Ci si continua a chiedere come sarebbe il rapporto se

l'altra persona fosse ancora nei paraggi. Se non si è soccorsi da un po' di autostima, la coppia rischia di vacillare tra le ombre del passato.

Diverso il caso in cui l'ombra, all'improvviso, si palesi. Di fronte a una persona in carne e ossa, la gelosia si trasforma. Il nemico esiste e si può entrare subito in azione. Il modo è semplicissimo: lo si denigra. Naturalmente criticando l'ex si finisce per dubitare del partner: come è possibile che il mio amore abbia potuto perdere la testa per una persona cosí scadente? Il gioco psicologico non è difficile da interpretare: si disprezza il o la rivale quanto basta per riaffermare la propria immagine narcisistica: anche se è evidente che piú s'insiste sulle critiche, piú si dimostra la propria insicurezza.

A volte la gelosia è un sentimento «giusto». Rappresenta l'iniziale verifica empirica dei propri sentimenti. È il bello di chi ha a cuore il proprio amore che vuole difendere da tutti, soprattutto dalle intrusioni moleste. È bene però imparare a distinguere tra «essere gelosi» e «tenere a qualcuno». La differenza nei comportamenti esterni potrebbe essere minima, tuttavia nelle intenzioni è importante. Un paio di esempi.

Esistono donne d'assalto, che nel corso di una serata si appiccicano a un uomo circondandolo di moine. Questi, anche se timidamente lusingato, non si dimostra interessato. Intervenire per sottrarre il compagno dagli attacchi di un'invadente non è gelosia, significa tutelare il proprio rapporto da interferenze sbagliate, anche se un uomo o una donna dovrebbe essere in grado di sapersi congedare indipendentemente dalla pressione esercitata dal partner.

Può succedere, ancora, che una sera squilli il telefono e sia una comune amica che deve restituire i libri che ha preso in prestito quindici giorni prima. La telefonata si protrae in una piacevole chiacchierata. Il pensiero della donna può vagare incerto tra l'idea che l'interlocutrice stia tampinando il marito e quella che si stiano solo scambiando opinioni sull'ultimo romanzo. Il confine è sottile, ma fondamentale. Se si viene sfiorati dal dubbio che quelle telefonate stiano diventando pericolose, significa che non si ha molta fiducia nel proprio compagno: e questa è gelosia. Quando invece, nonostante si sia sicuri che l'amica abbia delle nascoste intenzioni, si ritiene che il marito sia in grado di arginare l'invito, è fiducia. E ciò fa crescere un rapporto consolidando la complicità: formidabile cemento amoroso che si rafforza proprio sfidando la gelosia.

La persona gelosa tende a non fidarsi, mentre chi s'impegna a far crescere un rapporto dimostra di essere costruttivo, rispetta i tempi e gli spazi altrui, non ascolta le telefonate: in altre parole si fida, dunque si fida di se stesso.

Non sentire il morso della gelosia non significa essere indifferenti né tantomeno distratti. Se l'amato riceve una cartolina con dei saluti particolari non si deve certo far finta di niente. Chiedere chi sia non è un atto di sfiducia, ma un modo per dimostrare che si è interessati a quello che succede a una persona cui si vuol bene. L'amore porta attenzione e cura, senza togliere l'aria per respirare.

Una ragazza mi esprimeva il disagio di non saper fare capire al fidanzato l'infondatezza della sua gelosia per il suo ex con il quale era rimasta un'amicizia. Spesso ci si scontra con l'abitudine di voler esporre i problemi con razionalità pretendendo di risolverli in modo quasi matematico: questi sono i fatti e questa è la formula per risolvere la situazione. La vita, invece, è sempre piú complicata di una formula, i tempi sono piú lunghi e per quanto uno si prodighi a dare spiegazioni le incomprensioni possono andare avanti in modo apparentemente inspiegabile.

Chiedersi la ragione della gelosia a volte può servire per capire, ma non porta a «guarigioni» spontanee. Bisognerebbe domandarsi della natura di tale insicurezza, esaminare il comportamento inserendolo in uno sfondo piú ampio: la famiglia d'origine, i problemi economici e professionali. Esistono tanti fattori che, pur non avendo nulla a che vedere direttamente con il rapporto vissuto, possono ricadere sulla coppia. Altrimenti si corre il rischio di mettere l'amore sul gracilissimo e micragnoso piano della gelosia.

Chiedere spiegazioni è del tutto legittimo. È piú che comprensibile: si tratta di difendere un'unione dalla stupidità, dall'ingenuità o dalla malizia degli altri. Significa aver diritto a voler chiarire l'ambiguità. In amore è necessario, oltre che giusto, non temere di esprimere il proprio punto di vista, oltre che i dubbi e i disagi, senza timore di offendere nessuno. Nell'amore esiste la libertà e il diritto di chiedere.

Un pizzico di gelosia può fare miracoli, due combinare un disastro.

Conosco il consiglio delle nonne: tenere l'uomo sulla corda, farlo ingelosire. Sembra un metodo sicuro per rendersi indispensabili e insostituibili. Si tratta di una delle strategie piú classiche per risvegliare un partner «distratto». Non ci vuole molto: è sufficiente essere carine con qualcun altro. Teoricamente vale anche per gli uomini: basta cambiare dopobarba, tenere il cellulare un po' piú spento, mettere piú cura nel vestirsi e il sospetto è servito.

In realtà, ho qualche dubbio che debba essere proprio la gelosia ciò che rianima un rapporto: non sono le strategie che possono rendere felici o far tornare a essere al centro dell'attenzione dell'altro. Quando si usa una tecnica diventa difficile riuscire a fermare il meccanismo della sfida dopo che è stato messo in moto, anche perché a un certo punto scatta un dubbio, il gioco si fa pesante e si trasforma in una gabbia.

Nelle nuove conquiste l'arma della gelosia può essere a doppio taglio. Per rendersi piú interessante agli occhi di un corteggiatore, una ragazza può far credere che esiste un rivale. Per esempio tiene il telefono occupato e poi si scusa, dicendo che stava parlando con un amico. Quando lei finalmente cede, convinta che per merito di quella mossa lui abbia capitolato, il corteggiatore «si sgonfia», proprio perché è venuta meno l'eccitazione di misurarsi con un concorrente misterioso.

La gelosia può funzionare anche come afrodisiaco, ma solo a dosi omeopatiche. È noto che ogni tanto, dopo essersi tirati le scarpe, rinfacciati le piú piccanti evasioni, insultati a sangue, si fa l'amore in modo travolgente. La gelosia, dopo aver acceso la collera, può dar fuoco anche ai sensi. Non è, tuttavia, con la pace conquistata sul piano sessuale che si spengono i furori e si ristabilisce l'intesa incrinata da dubbi, paure e sofferenze.

Il cinema ha attinto a piene mani all'uso della gelosia come catalizzatore sessuale: basterebbe ricordare *Pane, amore e gelosia* di Comencini o *Il mandolino del capitano Corelli* di John Madden. In entrambi i casi il pretesto è la danza, che amplifica un dialogo di azioni, che fa inarcare la schiena, crea sospensioni, menti sollevati, profili alternati, spalle dritte, mani appoggiate, strette che guidano in un incedere, un fermarsi, un retrocedere sfrontato e provocatorio sotto lo sguardo palpitante di chi si ama, per fare ingelosire senza tregua. Anche *Quell'oscuro oggetto del desiderio* di Buñuel gioca sul cambiamento, sulla totale diversità di due attrici, Carole Bouquet e Angela Molina, che interpretano un unico personaggio femminile. Una dolcissima, l'altra seduttiva e provocatoria, attraendo e respingendo il protagonista, suscitano nello stesso folle passione e gelosia.

Tuttavia l'uso disinvolto di queste tecniche seduttive è alla fine alquanto meschino, poco ha a che vedere con l'amore e il bene: non è forse crudele fare leva sulle debolezze altrui? Non è un po' cinico giocare sulla fragilità di chi non conduce la danza dell'amore?

Usare la gelosia come afrodisiaco è dunque come il peperoncino in cucina: se non si mette a piccole dosi ammazza i sapori, se si usa regolarmente tutti i piatti risultano uguali, quindi noiosi. Nell'eros bisogna usare la gelosia come qualsiasi altra spezia, deve essere presente per completare il gusto, ma non si deve sentire.

La gelosia diventa un ingrediente pericoloso proprio perché porta all'assuefazione – come una droga – e ogni volta ci si trova costretti ad aumentare la dose, a inscenare un melodramma ancor piú spaventoso per far scattare la frenesia dei sensi. È una spirale da cui è difficile uscire: si teme che senza quella messa in scena l'eros si annulli. Non si fa piú l'amore solo dopo essersi guardati negli occhi, sfiorandosi e facendo esplodere il desiderio: occorre ricorrere alla droga per tenere accesa la miccia, è necessario sempre un elemento diverso, piú eccitante e non si riesce piú a fermarsi.

Non esiste vero amore nella gelosia distruttrice.
Vivere con una persona nevroticamente gelosa è un inferno, significa rovinarsi la vita in due.
A volte, tuttavia, è necessario fare i conti con realtà rispetto alle quali è saggio astenersi dal giudicare. Il livello di tolleranza e le capacità di sopportare compromessi variano da persona a persona.
Non mi riferisco solo alle coppie consolidate, ma anche alle storie appena iniziate. Il guaio, purtroppo, è che molti sopportano l'insopportabile per paura di restare soli, chiudono gli occhi di fronte a segnali d'allarme, oppure sono talmente assetati di conferme che perfino un atteggiamento poliziesco induce un senso di strana rassicurazione.
Se fossimo sinceri con noi stessi sapremmo benissimo riconoscere il confine tra amore e controllo. Significherebbe ammettere che la gelosia non è un sentimento positivo e che quando s'instaura il rapporto rivela qualche incrinatura. Soprattutto significherebbe riconoscere che, all'interno della coppia, esiste una sostanziale differenza tra bisogno e desiderio. Con il bisogno il geloso tenta di costringere la vittima a comportarsi come vorrebbe ma cosí blocca il rapporto, mentre attraverso il desiderio e il farsi desiderare si sviluppa la relazione, stimolandosi a vicenda.

L'idea di suscitare la gelosia per attirare attenzione non mi è mai sembrata geniale. Giocare con i sentimenti non solo è adolescenziale, ma può diventare perfino perverso: tende infatti a legittimare l'altro a copiare lo stesso comportamento asfissiante. Un rapporto trasformato in cortocircuito: il conflitto che diventa permanente.

Il sentimento opposto alla gelosia è la complicità. La gelosia è irrazionale, incontrollabile, autogenera distruttività, mentre la complicità implica l'unione di due diversità che si scelgono e decidono di proseguire insieme. La gelosia è lacerazione, la complicità progettualità, scambio di diversità, intelligenza che completa rasserenando, dono allo stato puro. È la sinergia dell'amore, che aiuta ad affrontare qualsiasi prova della vita.

A volte, l'ombra di un rivale smette di essere indefinibile per diventare una persona in carne e ossa: questa volta non è piú il passato a riemergere ma il nuovo a fare capolino, non si riesce a capovolgere la situazione con la sfida, la sicurezza di sé all'improvviso non funziona piú e la gelosia esplode in rabbia, umiliazione, dolore.
Una famosa canzone di Charles Aznavour narra una serata in cui l'arrivo di un nuovo corteggiatore fa terminare la storia del protagonista e della fidanzata. Descrive minuziosamente i gesti e gli sguardi che i due nuovi amanti si scambiano. Da principio l'antagonista osserva la donna con la coda dell'occhio, quasi furtivamente, poi l'accarezza con lo sguardo, lei ricambia con nervosismo fino a che si tramutano in occhiate febbrili che scivolano in risate e chiac-

chiere eccessive, entrambi trascinati in un gioco che svela una giostra di nuove, inaspettate intese. Infine, il protagonista percepisce il fastidio della donna suscitato dalla presenza di chi, a quel punto, è diventato di troppo, egli ormai osserva dall'angolo, il cuore sull'orlo di spezzarsi in lacrime dignitosamente nascosto. Resta in silenzio a bere, capisce che l'amore *change de main*, cambia di mano.

Il geloso non ammetterà mai di essere stato tradito in un momento della vita di coppia in cui da darsi restavano le briciole, né di non aver fatto niente per cambiare. Non riconoscerà mai di essere stato proprio lui o lei a suscitare quella voglia d'evasione con i suoi rituali asfissianti.

Il tormento segreto del geloso ristagna nella sua propensione al tradimento proiettata sull'altro. Si tratta di una vecchia regola della psicologia: il vero geloso è il potenziale fedifrago.

Eppure, quando il geloso scopre di essere stato tradito, il mondo sembra precipitargli addosso, lo sconcerta come se ignorasse l'argomento.

Per quanto si possa prevedere, il tradimento arriva sempre come una freccia inaspettata. Il solo pensiero è devastante: si smette di mangiare, di dormire, le giornate diventano un susseguirsi di malinconie e di disperazioni intervallate da attacchi di furore. Il tradimento funziona come l'ansia: non occorre subire l'evento, basta immaginarlo per stare male.

Altre volte però il tradimento sembra funzionare quasi come un paradosso: è in grado di sbloccare una situazione in cui le polemiche e le minacce hanno bruciato ogni possibilità di comunicazione. Il dolore del tradimento potrebbe offrire a entrambi l'opportunità di avviare una radicale trasformazione, anche se potrebbe sembrare impossibile mantenere la calma per confrontarsi su un piano razionale: i partner sono infatti impegnati ad accusarsi e a difendersi, sono totalmente in preda agli istinti e lontani, come forse non sono stati mai. Piú spesso gli sforzi sono diretti a cercare sadicamente ciò che fa piú male all'altro, invece che a rileggere i rispettivi comportamenti per capire dove stia l'errore.

Perfino l'epilogo potrebbe insegnarci qualcosa di noi e dell'altro. Anche le valigie messe fuori dalla porta o le vendette piú crudeli potrebbero dire di noi. La gelosia sarebbe in grado, molto piú di altri sentimenti, di far manifestare parti della personalità che fino a quel momento erano rimaste nascoste. Purtroppo invece, il piú delle volte, la gelosia impone una cecità che impedisce di capire e di crescere.

Dopo lo shock della scoperta di un tradimento ne subentra un altro: l'amarezza per aver avuto vicino una persona che non ha il coraggio delle proprie azioni, un codardo che non ha avuto la forza di confessare. E ciò fa ancor piú male del tradimento.

A volte capita di «sentirsela», ovvero di captare dei segnali che non trovano riscontro nella realtà, ma che ci portano a fare cose che hanno il chiaro intento di andare a scoprire qualcosa che ci farà male, esattamente come nel film *Sliding Doors* di Peter Howitt, dove Helen-Gwyneth Paltrow rincasa anzitempo (per cause fortuite, ma è poi davvero cosí?) e si trova davanti alla peggiore delle sorprese. Eppure bastava telefonare, suonare il campanello: tutte cose che solo in un'altra situazione quella donna avrebbe fatto, ma quella volta no, qualcosa le diceva di andare fino in fondo, fino a toccare con mano, fino all'autopunizione.

In questi casi il furore può salvare: funziona come una specie di anestesia, la rabbia neutralizza il dolore. Quando poi il polverone si dissolve, si prende coscienza di quanto la propria vita sia stata scossa e si sente affiorare, nitido e indelebile, il peggiore residuo che la gelosia può lasciare sul terreno: l'insicurezza. E magari, paradossalmente, capita che la gelosia possa perfino venire a mancare, come sbiadito ricordo di uno scenario improvvisamente scomparso.

Qualcuno ritiene che il colpo assestato dal tradimento sarebbe meno doloroso se il traditore ammettesse la propria evasione. Al contrario, ritengo che sia meglio andarci cauti con le confessioni, soprattutto quando riguardano storie brevi e senza importanza. Non vorrei passare per uno che elogia ipocrisie e falsità, ma l'esperienza professionale mi ha insegnato che a volte una piccola omissione può salvare un rapporto.

Ricordo un signore con il quale mi ero raccomandato di fare attenzione a rivelare alla moglie una breve relazione. Contravvenendo ai miei consigli decise – motivato da un pizzico di sadismo rivendicativo nei confronti della moglie – di confidarle l'avventura: lei, prendendo la palla al balzo, confessò di essergli stata a sua volta infedele. Quel doppio outing ebbe l'effetto di una bomba esplosa in un mercato affollato.

La loro crisi s'incancrení anche perché nessuno dei due

decise di mettere le valigie dell'altro fuori dalla porta: al contrario, vollero continuare a condividere un legame che si faceva sempre piú logoro. Non solo, ma i racconti dettagliati dei reciproci tradimenti diventarono l'ingrediente principale di un rapporto sempre piú caratterizzato da una coloritura sadomasochista. A lui non bastava piú sapere che la moglie avesse avuto un altro uomo due anni prima: ci si doveva soffermare sull'identità del rivale, sul luogo degli incontri intimi, sul come avvenivano. Né per lei poteva essere piú sufficiente sapere che il marito aveva scelto una donna piú giovane: occorreva conoscere la forma del seno, la lunghezza delle gambe, per poi immaginare l'amplesso e gridarlo a lui con tutta la forza distruttrice di cui era capace. Un vero inferno che tuttavia sembrava non dispiacere né all'uno né all'altra.

La gelosia nevrotica, infatti, spinge a entrare ancora piú nei dettagli e quando s'imbocca questo tunnel la via d'uscita è impossibile. Eppure la soluzione era a portata di mano: bastava far ricorso a un minimo di dignità. Invece quella ricerca di verità conduce al deserto.

Il tradimento fa terra bruciata e alla fine si è coscienti che niente potrà tornare come prima. Quando la fiducia nella coppia viene spazzata via e sostituita da una grande ferita, anche l'orgoglio, oltre alla dignità, si riduce a brandelli.

Non si può sapere quanto tempo occorrerà per riprendersi e, soprattutto, se ci si riuscirà. Si diventa insicuri e per «guarire» non basta certo cambiare partner perché a quel punto sembra impossibile poter amare ancora. Oppure, all'opposto, si trasforma la vita sentimentale in un campo di battaglia sul quale ci si deve vendicare del torto subito, ferendo chiunque inconsapevolmente capiti a tiro.

Qualcuno sostiene che, dimenticando l'amore, ci si scorda anche del tradimento. In realtà, si rimuove l'episodio per non sentirsi vinti, ma sotto sotto la gelosia continua a erodere imperterrita.

Niente torna come prima, tuttavia nulla può restare immutato, a meno che non si voglia continuare a vivere «da traditi». Come non naufragare dunque?

Il modo dipende dalla maturità della coppia, non certo dalle capacità di rimozione. Il tradimento offende, rompe un involucro, ma mette anche nella condizione di farsi delle domande che, altrimenti, non si porrebbero mai. Utilizzando questa opportunità si possono individuare nuove possibilità, ipotizzare una nuova sfida, ricostruire.

Shakespeare fa dire alla bisbetica rivolta alle signore caparbie e recidive:

> L'anima mia è stata superba un tempo come la vostra, il mio cuore così altero, e forse ancor più la mia ragione, per ribattere parola con parola, cipiglio con cipiglio; ma ora io comprendo che le nostre lance non sono che pagliuzole, la nostra forza altrettanto fragile, la nostra debolezza estrema, e meno di tutto siamo quello che pretendiamo d'esser più.

Per quanto possa sembrar strano e per certi versi persino incomprensibile, sono in molti a decidere di continuare a vivere accanto a una persona che non li ha rispettati e che nemmeno amano più e tantomeno rispettano.

Fino a qualche decennio fa si stava insieme per forza, le donne – soprattutto – non avrebbero saputo dove andare e restavano con il compagno traditore riservandogli disamore, freddezza e indifferenza. Attualmente, con le condizioni economiche cosí migliorate, un insuccesso matrimoniale potrebbe essere rimediato con il divorzio, eppure tante donne continuano a tollerare un marito che dice di uscire con gli amici e invece va a letto con un'altra donna oppure frequenta il locale delle ragazze dell'Est, esattamente come tanti uomini trascinano relazioni con donne che a mala pena riescono a sopportare.

La ragione per cui queste persone non trovano una diversa soluzione resta – almeno in parte – oscura. Verrebbe da ipotizzare che sia la gelosia a immobilizzarle, oppure l'ignavia. In questo modo la felicità viene comunque spazzata via senza nemmeno il sollievo della liberazione. Il tutto per quella mancanza di coraggio che opportunisticamente qualcuno chiama «senso della realtà».

La vendetta è spesso l'aspetto piú tragico della gelosia, il modo piú tipico per molti di reagire a una sconfitta subita. In questi casi, tutto si combina in un cocktail micidiale che può dar sfogo alla delusione in modo scomposto e triviale. Lo dimostrano gl'innumerevoli episodi di cronaca nera a base di coltellate, consumati magari a distanza di anni: la vendetta, per antonomasia, è un piatto che si serve freddo.

In realtà, anche se vendicarsi non serve, pochi vi resistono e non si accontentano delle bottiglie di profumo rovesciate nel lavandino, dei vestiti che volano giú dalle scale assieme alle fotografie: sono fiammate che si spengono troppo in fretta. La vendetta si nutre di qualcosa di piú sottile, perverso e duraturo.

Si pensi al valore del silenzio. Non pronunciar verbo è molto piú efficace di tante sceneggiate. Non parlo di quello mortificato e dolente della vittima, quanto piuttosto di un altezzoso vuoto di parole nel quale il traditore vede quotidianamente proiettate le proprie colpe e responsabilità senza che gli sia data la possibilità di difendersi.

O il «quasi-silenzio», strategia adottata per far presente in ogni occasione che nessuno dimentica, che tutto è conservato come un asso nella manica da estrarre al momento opportuno. Appena il traditore alza la testa oppure avanza una pretesa, risuona la frase a lungo premeditata in modo che chi ha tradito non possa replicare. Vendette che mettono tutto il potere della coppia nelle mani di un solo partner che diventa, proprio grazie all'onta subita, il vero despota.

Uno dei modi piú comuni per reagire al tradimento è la rappresaglia: un varco che si apre dopo il sopruso subito. Di solito è la donna che rende pan per focaccia e, magari, ha la sofisticata crudeltà di scegliere un comune amico oppure il socio d'affari di lui per perfezionare la tresca. È necessario un temperamento forte e aggressivo per riuscire a muoversi in questo modo, ma occorre tenere presente che la ripicca lede ancora di piú la dignità già ferita della tradita.

Altre volte si reagisce con la scenata. È il caso di chi, scoprendosi ingannato, ha bisogno di sfogarsi, di tirare fuori tutto il livore a stento sopito. Una signora rideva ancora raccontandomi che, al mercato rionale, una moglie aveva rincorso e preso a borsettate l'amante del marito, rovesciando bancarelle fra gli attoniti avventori.

A volte, nel tentativo di fare pagare a tutti i costi il torto subito, qualcuno rivolge l'arma contro se stesso. Infatti, le scenate e i confronti continui con il rivale o la rivale diventano controproducenti e perfino ridicoli, in quanto si finisce per vivere in tre: con il fantasma di una terza persona che compare ovunque, anche a letto (nella versione piú ironica e surreale, il romanzo di Jorge Amado *Dona Flor e i suoi due mariti*).

La reazione individuale al tradimento rispecchia dunque l'indole delle persone: c'è chi ingoia il rospo facendo finta di niente e chi, invece, punta alla distruzione mirata e definitiva, un voler far male fine a se stesso. E chi, da ultimo, fa le valigie: è la scelta di chi ha maturità ed è consapevole della propria forza, di chi non ha bisogno di esternare le sue delusioni in inutili commedie: agisce e basta. Chiudendo le valigie chiude anche il rapporto e, si può essere certi, non risponderà mai neanche a una telefonata. Anzi, cambierà perfino il numero del cellulare.

Non sempre, infatti, la vendetta è la moneta con cui si fa pagare all'altro l'infedeltà. Alcune donne si sentono talmente sicure di sé che concedono al marito di fare le sue scorribande, forti del fatto che non possa che tornare. Sono dominatrici in casa, amministrano e decidono. Dall'alto dei loro pieni poteri, guardano il marito con sufficienza comunicandogli che il massimo della libertà che può avere è la bolla d'aria concessa. È la versione piú cinica della gelosia e anche la piú razionale, in quanto fa soffrire meno. Il rapporto è improntato sulla totale disistima del marito che queste donne si tengono perché non hanno voglia di trovare altro.

Le vendette hanno poco a che fare con l'amore, anche se a tutti è capitato di urlare, sbattere la porta e mollare tutto. Le reazioni sono tanto piú irrazionali quanto piú profonda è la ferita. A volte il tradimento nasce dalla noia, da un'idea di cambiamento che non significa una scelta ma solo una voglia di evadere. Credo che non sempre occorre andare a scavare per cercare di capire cosa celi un tradimento. Sembrerà riduttivo, ma spesso è solo un'avventura, una conquista, e tutto finisce lí. Il che non implica dover perdonare sempre tutto e tutti, ma nemmeno pensare che dietro un comportamento vi sia sempre qualcosa da capire. Non sto contraddicendo ciò che ho affermato sopra, ma solo affermando che la vita a volte va presa con una dose di leggerezza.

La tecnologia ha esasperato le occasioni per manifestare la gelosia: cellulari, Internet, e-mail sono diventati temibili strumenti di controllo nelle mani di mogli e mariti, fidanzate e fidanzati gelosi. Sembrano essere stati inventati apposta per fornire prove schiaccianti sull'infedeltà allargando a dismisura le insicurezze. Una volta si andava a rovistare nella borsa, nelle tasche, nei cassetti, oggi si controllano i messaggi che incautamente non vengono cancellati dal telefonino. Si può leggere la fattura con i tabulati delle chiamate, qualche volta si aspetta il postino per mettere le mani sull'estratto conto della carta di credito e passare in rassegna le spese.

Sembra che la tecnologia abbia ingigantito la prepotenza e soppiantato stile, rispetto ed educazione. All'inizio di questo boom, per un certo tempo, qualcuno ha cercato di diffondere un bon ton nell'uso del cellulare. Brevissimo periodo spazzato subito via dalla facilità, la breve pressione di un tasto, che in un attimo fa trovare sotto gli occhi tutta la verità.

Il peggio è che alcuni non si rendono conto di quello che fanno. La prima volta lo si fa con un po' di trepidazione, ma al ventesimo controllo diventa l'azione piú normale di questo mondo: una violazione vissuta come un diritto. C'è chi perde giornate intere a verificare i numeri di telefono e a confrontare la durata delle chiamate. All'arrivo della bolletta si scatena l'inferno.

Ciò induce, evidentemente, un comportamento di risposta ugualmente paranoicizzato: il controllato deve ricordarsi di cancellare tutte le chiamate prima di arrivare a casa (anche se a volte non basta, anzi, l'assenza di chiamate ricevute ed effettuate fa crescere il sospetto), deve stare attento ogni volta che usa la propria carta di credito o il telepass in autostrada. Insomma non si campa piú.

La tecnologia diventa un grande schermo sul quale viene proiettato un orrendo film sulla sfiducia. Inoltre, i mezzi sono in perenne evoluzione e consentono di compiere indagini sempre piú minuziose: basterebbe pensare alle videotelefonate che permettono livelli impensabili di controllo, eccitando ancor piú la diffidenza del partner.

Quando si arriva a trasformare la quotidianità in una caccia alle streghe – per quanto esse siano vere o immaginarie – significa che dell'affetto non c'è piú nemmeno l'ombra, tantomeno della stima e del rispetto. La vita di coppia si è trasformata in azioni meschine e grette che avviliscono l'intelligenza dei sentimenti.

L'amore non ha piú niente a che fare con questo, il rapporto rischia di diventare un massacrante duello «on line» che può durare anche tutta una vita.

La gelosia ai tempi di Otello che uccide la sposa, Desdemona, sull'onda di un sospetto che gli ha instillato il perfido Jago, o di Tosca pazza d'amore per Cavaradossi, era un sentimento «naturale» e necessitava di relazioni per essere eccitato o risolto.

Siamo sommersi di possibili indizi: dallo scontrino di un caffè a quello di un supermercato fuori mano. Viviamo immersi in una cultura del sospetto fomentata dalla cultura del gossip. Non c'è periodico o palinsesto televisivo che non preveda lo scandalo, la foto rubata, l'ipotesi di tradimento. Siamo diventati guardoni della vita degli altri non per spiare i buoni sentimenti ma per godere degli infortuni amorosi delle celebrità. Ciò produce un effetto imitativo che porta molti a non credere più nei sentimenti, a non riuscire più a cogliere la differenza tra inganno e autenticità. I media possono diventare una fabbrica di «paranoia affettiva».

La gente comune, dopo ore passate a leggere o a vedere i fattacci dei Vip, tende a perdere fiducia nei rapporti e appena deve affrontare una crisi coniugale è portata a vedere fantasmi ovunque, elucubrazioni che assumono sempre più consistenza e occupano tutti gli spazi della giornata.

Il tarlo del sospetto spinge a perpetrare comportamenti assurdi e, a volte, perfino vergognosi come, ad esempio, utilizzare i figli per controllare un genitore. Ho conosciuto donne che a mezzanotte prendevano i bambini che ciondolavano dal sonno e andavano nell'ospedale in cui il marito era di guardia la notte affermando che il bimbo voleva salutare suo padre.

Una sorta di follia lucida che non svanisce con il tempo, una macchina terribile da cui bisogna difendersi con fermezza e decisione. È fondamentale tentare di far ragionare questi estremisti della gelosia proprio perché rischiano piú di altri di trasformare la gelosia in un dramma che distrugge la vita, non solo quella del partner.

La gelosia ha fatto la fortuna dei detective privati e delle agenzie di investigazione, perché quando diventa ossessiva le prove di fedeltà non bastano mai. Se si arriva a spiare non si rifiuta certo, se si hanno mezzi economici, l'idea di pagare qualcuno che lo faccia per proprio conto.
Ricordo una signora la quale, sedendosi sulla poltrona del mio studio, aveva appoggiato la borsa sul tappeto e subito dopo, allarmata da un ronzio, mi chiese se stessi utilizzando un registratore. Naturalmente negai (non ne ho mai fatto uso in tutta la mia vita professionale). A questo punto si mise a cercare nella borsa e trovò un cellulare acceso che il marito aveva precedentemente nascosto a sua insaputa. Quell'aggeggio stava funzionando da ore spiando ogni conversazione della moglie, compresa la seduta psicoterapica.

Quando la gelosia supera se stessa, quando consuma la persona al punto che non riesce piú a tenere in mano le redini della propria personalità, si può scivolare, senza accorgersene, nell'invidia, nell'odio, nella cattiveria, nella malinconia piú tetra.
Il geloso ha paura di perdere quello che possiede, l'invidioso si tormenta di non riuscire a ottenere ciò che vorrebbe avere. L'invidia è un sentimento che va oltre la coppia, si estende ai rapporti sociali soprattutto negli ambienti di lavoro. Nasce dall'incapacità di sopportare l'idea che un altro sia piú capace, dal sospetto che sia raccomanda-

to, dalla convinzione che sia piú furbo e piú fortunato. Chi suscita invidia, induce gelosia.

Anche l'odio è parente della gelosia. Spesso si sente dire che il rapporto tra due persone sia contraddistinto da odio e amore, arrivando alla conclusione che l'odio sia l'opposto del sentimento amoroso. Invece, sono le due facce della stessa medaglia: hanno la stessa forza e intensità. Niente a che vedere con l'indifferenza, che è il vero opposto dell'amore. Odiare è nutrire rivalità, antipatia, avversità, astio, resistenza. È esattamente ciò che produce la crisi di gelosia piú oscura e malvagia.

La malinconia è il disagio di chi si lascia andare, di chi non riesce a fare nulla per mutare la propria condizione. Contrariamente all'odio, la malinconia porta la persona a rinchiudersi in se stessa e a fantasticare sull'impraticabilità di una vita diversa. Una volta i manicomi erano popolati da donne colpite dal «mal d'amore» che, in realtà, era una reazione depressiva a una vita insopportabile.

Oggi si tende a far coincidere impropriamente la malinconia con la depressione: la prima è uno stato crepuscolare, una visione del mondo, mentre la seconda si accompagna con una serie di segni psichici come la perdita di peso o la bulimia, l'insonnia o l'eccesso di sonno, il disinteresse sessuale. La malinconia, dunque, può rappresentare un effetto collaterale finale della gelosia: una sorta di resa psicologica di fronte all'impossibilità di amare, di fidarsi dell'altro.

Esiste infine la gelosia come lucida espressione di cattiveria. La crudeltà è infatti la conseguenza piú razionale della gelosia, la sua espressione piú sadica, tipica di chi medita di far pagare l'oltraggio subito e di chi, per godere dell'infelicità e del dolore altrui, progetta azioni piú gravi del torto patito, un'espressione estrema del contrappasso dantesco. La cattiveria non è agire impulsivo, ma piú spesso freddo e ragionato. L'instabilità che nasce dalla gelosia fa gioco a una persona cattiva perché giustifica il suo proprio sadismo.

Le vendette iniziano quando l'amore declina. Aveva ragione Shakespeare quando diceva che la gelosia «è un mostro dagli occhi verdi che schernisce la carne di cui si nutre».

In Marina si usava il termine «gelosia» per indicare il veliero che sbandava facilmente per la forza del vento e del mare. Cosí come si chiamano gelosie le inferriate che difendevano le finestre al pianterreno caratterizzate da una vistosa pancia prospiciente verso l'esterno: ciò permetteva di spiare chi entrava e usciva dal portone senza dare troppo nell'occhio. Questo dimostra quanto siano conosciuti, da sempre, gli effetti distruttivi della sfiducia e dei sospetti e quanto tutto si componga in termini di profondo disagio relazionale.

La gelosia non è cosa di cui andare fieri, comunque si presenti. Costruisce fra due persone un muro di amarezze, crucci, tormenti, ansie, delusioni e violenze, senza poter ricorrere all'unica attenuante, l'amore. Nei casi peggiori, quando la gelosia è diventata «sistema di relazioni», l'amore non esiste piú sostituito da disagio o indifferenza.

Non esistono cure, guarire è difficile e spesso sono inutili perfino gli atteggiamenti di comprensione e di speranza.

Addentrarsi nei meandri della gelosia è importante per imparare a cancellare illusioni romantiche che hanno portato a pensare che sia un ineludibile correlato dell'amore, ma occorre dire, soprattutto a chi sta entrando nella vita adulta, che si può e si deve amare senza timore.

Anch'io, come tutti, ho avuto il mio apprendistato d'amore.

Ricordo una storia piuttosto tormentata. Ero giovane, molto giovane e una ragazza mi faceva soffrire, tuttavia ero coinvolto e non sapevo decidere se lasciar perdere oppure continuare a vederla. Pensavo giorno e notte a quale fosse la scelta migliore, non combinavo piú niente negli studi, mi sentivo triste e confuso.

Un giorno, nella casa di campagna dei miei, incontrai una zia che non vedevo da tempo. Mi venne voglia di parlarle di quella ragazza e la zia, dopo avermi ascoltato con attenzione e pazienza, mi chiese, guardandomi negli occhi, se fossi felice con lei.

Era una domanda scontata che pure non mi ero mai fatto. Forse, inconsciamente, avevo paura di darmi una risposta.

Improvvisamente, forse costretto a semplificare ciò che mi pareva terribilmente complesso, ritrovai il bandolo della matassa. Quella domanda era stata una rivelazione, una provocazione: mi sentii subito bene, d'incanto sollevato.

No. Non ero felice, dunque dovevo chiudere quella storia. Forse avrei anche potuto arrivarci prima, da solo, ma ero un ragazzo, mi perdevo nelle mie pene d'amore come un naufrago, forse mi piaceva pure pensarmi cosí romanticamente inquieto.

In alcuni momenti della vita e nell'amore piú che mai, si prova la sensazione di precipitare in un grande caos. Momenti in cui non si sa neppure in che direzione si stia andando, avvolti da una fitta nebbia. Prendere decisioni a quel punto è molto difficile. Per fortuna il destino indica chi con saggezza ed esperienza, con gentile capacità d'intuizione, riesce a riportarci sulla strada maestra. Persone in grado, con una semplice parola, di aprire uno scenario fino a quel momento gravato dalle ombre.

Questo capitolo è concepito per tutti coloro che, dardeggiati da Cupido bendato, fanno incontri «sbagliati»: quelli che non producono felicità.

Chi non si è mai imbattuto in sofferenze d'amore, chi non è si è sentito scivolare lungo la china di una storia sempre piú difficile?

La vita può sembrare un labirinto, ma proprio in quei momenti è importante sapere che non siamo soli: ognuno di noi ha una zia capace di farci vedere soluzioni vicine e praticabili. L'importante è avere coscienza che c'è e che sta dentro di noi.

I primi amori ci fanno scoprire l'emozione dell'incontro, la gioia, lo stupore, la disperazione, la sorpresa, quella sensazione meravigliosa e unica di complicità, di fusione. Però sono strade di cristallo: capita di incrociare persone che attraggono ma che illudono con la gentilezza, riuscendo anche a celare un lato di freddezza sconcertante. Una sensazione doppia che crea rapporti invischianti, alternando grandi passioni a enormi tristezze. Fondamentale è sapere che gli amori – giusti o sbagliati che siano – vanno vissuti senza abdicare il giudizio: mettersi in gioco non significa diventare ciechi.

Vorrei suggerire un metodo, basato proprio sulla provocazione della zia: «il termometro della felicità», un'idea molto semplice. Un amore è giusto se dà felicità, è sbagliato quando produce infelicità.

Potrà sembrare riduttivo, ma non lo è.

Non propongo di usare il «termometro» nella prima fase di un rapporto, quando la passione, la novità dell'innamoramento colorano tutto di rosa. Consiglio, invece, di verificare i sentimenti in quel sedimento che si forma dopo un certo periodo di tempo, quando la domanda inerente alla propria felicità può essere formulata, quando cioè la quotidianità del rapporto avrà offerto materiale valutabile: gli amori vanno giudicati anche nel piú banale scorrere delle giornate.

Felicità, in questo contesto, non significa camminare a mezzo metro da terra, continua euforia, toccare il cielo con un dito ventiquattro ore su ventiquattro. Sarebbe impossibile. È star bene, sentirsi rispettati, tranquilli, sereni e, se si è di natura inquieta, essere contenti nella propria inquietudine.

Inevitabile che l'amore non dia solo felicità e che per tutti esistano momenti bui. Tuttavia, a volte, si tende a chiamare amore anche ciò che fa stare bene un giorno e male i restanti trecentosessantaquattro, un momento di paradiso pagato con settimane d'inferno, quasi che l'amore che fa soffrire serva per arrivare a quell'istante di felicità, come in una specie di gioco sadomasochista in cui non si sa piú quale sia l'oggetto dell'affannosa ricerca.

Questo tipo di amore non è felice perché non è sano. Nulla impedisce di avventurarvisi, solo va chiamato in altro modo: tarlo, ossessione oppure confusione, visto che uno dei primi effetti di un amore sbagliato è di confondere le idee, mentre l'amore giusto semplifica. Quello insano fa perdere la capacità di giudicare serenamente ciò che porta benessere. Alcuni comportamenti sembrano giusti soltanto in quanto, una volta intrapresi, vengono automaticamente reiterati, mentre si persevera nell'errore sperando che qualcosa magicamente accada. Si è cosí portati a sopportare l'indicibile pensando che l'oggetto d'amore si ravvedrà, oppure sarà riconoscente. Farsi sottomettere come uno zerbino è la costante in una logica perversa di resistenza amorosa.

Quando ci si accorge di essere imbarazzati a rispondere alla domanda sulla felicità di quel rapporto, quando si cominciano a usare scusanti, è necessario fermarsi per capire cosa non va e occorre ammetterlo con se stessi.

Una riflessione, per quanto sembri banale e riduttiva, che aiuta a capire che forse quell'amore ha inforcato un vicolo cieco. Una relazione che fa perdere talento, abbandonare progetti, toglie il meglio di ognuno, lo confonde.

Gli amori sbagliati richiedono energie esagerate: le vittime sono fuchi svuotati da api regine, resi impotenti, senza un briciolo di entusiasmo e di voglia di fare. Queste persone rischiano di essere sempre alla ricerca di una compensazione per i torti subiti, all'individuazione di un altro capro espiatorio. Una catena d'indicibili vendette nate proprio dall'infelicità prodotta dall'amore tossico.

La vittima designata di quell'insano amore è proprio la persona piú complice. L'ape regina si esercita quotidianamente a uccidere il partner in quanto avverte che esiste un legame, mentre non riesce a comportarsi nello stesso modo con chi odia e disprezza.

È una forma di debolezza tipicamente maschile. Gli uomini a volte non ce la fanno a ribellarsi contro chi li critica, chinano la testa e poi, tornati a casa, fanno pagare la frustrazione subita al partner, trasformato nella vittima designata: donne costrette a vivere in un inferno quotidiano dove anche un piatto di spaghetti diventa occasione per un ennesimo litigio.

Una denigrazione continua, un sabotaggio che mette sotto accusa ogni azione, dove il partner diventa una specie di punching ball, un tiro a segno su cui scaricare la propria impotenza.

Il peggio capita quando si giustifica questo comportamento sulla base di qualche presunto trauma infantile, di un'infanzia difficile, di genitori poco presenti. In questo modo entrambi i partner troveranno buon gioco nel perseverare nel loro rapporto malato. Relazioni in cui si toccano i limiti dell'amore: quello malato che umilia, che fa perdere la dignità, il valore etico e morale.

Non sempre è facile cogliere i sintomi del vampirismo amoroso. Fino a che si guarda il rapporto da vicino, tutto sembra normale, anche quando si vede che il rituale è sempre lo stesso, magari maledettamente simile a quello perpetuato dalla propria madre che ha passato una vita con un padre arrogante, eternamente scontento, uomo insopportabile eppure tollerato per quarant'anni. L'idea di dover ripagare l'amore con l'indifferenza e a volte anche con qualcosa di peggio è un pensiero ricorrente nei racconti dei miei pazienti.

Naturalmente vale la regola che ognuno è libero di scegliere, e non sempre si trova il coraggio di chiudere queste relazioni. Eppure, per quanto doloroso possa essere, è fondamentale arrivare a dirsi quando l'amore è ormai assente, quando non è sano perseverare, soprattutto se sono presenti dei bambini.

È importante capire la differenza che c'è tra una crisi che può accadere in un periodo difficile, ma transitorio, e una irreversibile. Il termometro della felicità va usato con buonsenso. È giusto sapere che si può e si deve rifiutare una relazione che rende costantemente infelici, in cui sofferenza e scontento sono diventati temi conduttori della relazione. Bisogna però anche saper considerare e valutare un momento difficile del partner, che potrebbe essere assillato da un problema contingente di lavoro, di famiglia, di salute. Sta nell'amore vero la capacità di essere complici, sapendo anche sopportare per un periodo un ruolo di subalternità, purché quel momento abbia un inizio e una fine. Si può accettare per un periodo di essere trattati come la ruota di scorta, senza per questo trasformare il rapporto in una cronica scontentezza. Toccherà magari all'altro essere complice quando ad attraversare un periodo difficile sarà chi, precedentemente, lo ha subito.

L'amore giusto, il «grande amore», è nella capacità di mettere insieme, senza conflitto, le differenze, rispettandole e valorizzandole. Non è detto però che già dall'inizio in una relazione si riesca ad apprezzarle. Ad alcune donne, ad esempio, la razionalità del partner può dare fastidio. Pensano che lui sia troppo rigido, troppo distante da una certa sensibilità femminile. Tuttavia, stando insieme scoprono, magari in un momento difficile dal punto di vista professionale, che il partner sa dare consigli adatti alle circostanze, non si fa prendere dal panico. Quella diversità, che prima non veniva accettata, diventa forza. Un vero rapporto d'amore, infatti, non chiede di cambiare ma di essere se stessi. E la gioia di essere autentici, capiti e stimati per quello che si è rappresenta un'emozione straordinaria.

L'amore non può essere calma piatta, bonaccia, è anche inquietudine. Ad esempio, per un artista l'amore è spesso il motore che lo spinge a mantenere accesa la tensione che porta alla creatività. Sarebbe involuto se il rapporto inibisse quello slancio, a volte furibondo, pieno di eccessi. L'amore significa, in questo caso, capacità di mettersi in sintonia con quella baldanza.

Quando si ama davvero, nasce un sentimento di riconoscenza, la consapevolezza di essere rispettati e apprezzati per ciò che si è, di essere capiti. È paragonabile ai momenti che seguono l'atto sessuale, l'emozione in cui si gusta un'intimità rassicurante. Riscalda la quotidianità, è la presa di coscienza di non essere soli, mai.

L'amore per non diventare tossico ha, paradossalmente, bisogno di precedenti amori sbagliati, i quali – soprattutto quelli giovanili – non sono mai esperienze negative bensí propedeutiche. Con il tempo e l'esperienza si capisce meglio ciò che si vuole e ciò che non si accetta piú oppure per cui non si è disposti a scendere a compromessi; è la costruzione dell'esperienza.

La capacità di rifiutare è importante anche a costo di rischiare di restare soli. Nell'amore «giusto» esiste una componente di reciprocità, un momento in cui si percepisce anche nell'altro benessere, felicità, gioia, e sicurezza.

Nell'amore non si può solo dare. Se non si riceve mai nulla in cambio non si può parlare d'amore, si fa solo beneficenza.

Quando una storia finisce, improvvisamente, ci si rende conto di aver dato anima e corpo per quella persona e da generosi si diventa cattivi, accusando d'ingratitudine il partner.

Tuttavia occorre essere cauti nell'attribuire tutte le colpe a chi ha solo incassato: esiste anche la responsabilità di chi ha donato senza aver mai chiesto nulla in cambio.

Non si possono passare vent'anni con una persona senza ricevere nulla e poi attribuire tutte le responsabilità all'altro: in amore bisogna pure saper chiedere. Anche se i confini del dare e dell'avere sono labili, occorre comunque ricordare che l'amore è generosità, sentimento gratuito. Un agire, senza essere mossi da un tornaconto. D'Annunzio diceva: «Sono ciò che ho donato».

A volte però si confonde l'amore con la misericordia. Storie di donne o di uomini benestanti che s'innamorano di persone economicamente precarie: hanno bisogno di sentirsi altruisti, forse perché vivono con un po' di sensi di colpa il proprio benessere. L'infanzia di queste persone spesso è stata ricca di beni materiali, non di sentimenti. Si tratta di amori che facilmente creano una doppia dipendenza: beneficiato dal beneficio e viceversa.

Spesso mi è stato chiesto se l'amore che crea dipendenza debba essere considerato sbagliato, anche quando porta ad abdicare ai propri sogni e progetti.

La risposta non può essere univoca. Alcuni vogliono essere secondi in quanto è più comodo, non si devono rompere la testa per inventare o percorrere itinerari frustranti. In un periodo di pari opportunità come quello attuale, queste sembrano vite sprecate, eppure non bisogna giudicare: ogni coppia ha un proprio equilibrio. Se si è felici, perché obiettare? Diversa è la costante lamentela, ripetere di avere rinunciato alle proprie scelte sacrificandosi in nome del partner. In questo caso, il conto delle rinunce aspetta al varco.

A volte un incontro può cambiare una persona, anche quando è un amore «innaturale», destinato a durare poco. Sono grandi passioni che portano il piú debole a seguire l'altro ciecamente in una riedizione del mito di Pigmalione, lo scultore greco, che disprezzando le donne in carne e ossa, s'innamorò di una statua d'avorio che lui stesso aveva scolpito.

Il che non vuol dire che un rapporto non possa e non debba modificare alcune abitudini o comportamenti. Chi ha sempre adorato il mare, può accorgersi che anche la montagna è bellissima, altre volte l'uno ascolta volentieri musica classica mentre l'altro non resiste piú di dieci minuti ma poi si converte a Mozart. L'amore è una cosa meravigliosa che rivela universi sconosciuti. Tuttavia, un conto è scoprire il mondo attraverso gli occhi dell'altro, altro è «imporsi» una passione per accondiscendere: diventa una forzatura, una posa che corrisponde a un bisogno squilibrato.

La convinzione di poter modificare totalmente una persona è una delle strategie che porta dritte alla delusione. Cercare, invece, di avvicinarsi abdicando a qualche vecchia abitudine, è un modo per dare stabilità alla coppia: a volte porta perfino a riconquistare la stima in se stessi.

Alcune persone cercano, per mare e per terra, la propria sconfitta amorosa. Non vogliono la serenità, la felicità, un rapporto tranquillo che appaghi: vivono nell'erronea convinzione che l'amore debba, per forza, essere una dannazione. È una forma di bulimia d'amore che porta a mangiare qualsiasi alimento, soprattutto quello che fa male, non per fame ma per arrivare a vomitare e a disprezzarsi.

Conoscono bene questo sentimento quelli che si sono innamorati di una persona sposata magari con figli: vivono assillati dalla paura di essere abbandonati, si sentono in balia di ogni evento con il timore di perdere dall'oggi al domani l'affetto conquistato.

Quando si parla d'amore molti pensano a categorie ideali, a un decalogo buonista dei sentimenti secondo il quale l'amore giusto è il risultato della somma di fedeltà, rispetto, onestà, eternità. Una regola precostituita e astratta che ha scarsa applicazione nella realtà.

È sufficiente, infatti, accendere il televisore o guardarsi intorno per scoprire che tradimenti, conflitti violenti, lacrime, bugie sembrano essere la quotidianità. Qualcuno li ritiene segni irrimediabili di un amore sbagliato, altri, piú semplicemente, i limiti fisiologici delle nostre comuni relazioni affettive.

In ogni caso gli schemi non funzionano, non esistono elenchi dei buoni e dei cattivi da segnare sulla lavagna, eppure anche nell'insegnamento spesso prevalgono i modelli, le idee precostituite. Capita cosí che un genitore sappia, o presuma di sapere, ciò che i propri figli dovrebbero fare. Quante volte i ragazzi si sentono ripetere: «Non uscire con Tizio che non va bene, mentre Caio è tanto gentile»?

L'elenco delle banalità genitoriali è infinito: cosa vuol dire che quel ragazzo è «giusto»? Quali garanzie dovrebbe essere in grado di dare? Essere di «buona famiglia», avere un consistente conto in banca, casa di proprietà, magari non avere genitori separati? Come se tutto questo potesse «assicurare» o rappresentare la garanzia di una vita felice per i nostri figli.

Gli amori – soprattutto quelli giovanili – non possono essere classificati, giudicati. Cotte estive, infatuazioni superficiali, amori appassionati, semplici emozioni rappresentano tentativi che un adolescente deve poter fare senza sentirsi in colpa per averci provato, senza dover sopportare la battutina fredda e salace da parte di mamma o papà. Quel ragazzo, quella ragazza stanno portando avanti la loro ricerca, hanno bisogno di fare un'esperienza che richiede la sospensione del giudizio da parte di chiunque. Un genitore deve sapere quando sta entrando nella sfera intima, sessuale dei propri figli e deve considerarla con grande discrezione e con la giusta distanza. Il che non significa che non si possa o non si debba parlare con i figli di sentimenti, ma evitare di esprimere un giudizio.

Per questa ragione giudicare un amore «giusto» o «sbagliato» è sempre improprio anche perché sollecita la ricerca di un'approvazione che condiziona i figli. In altre parole, significa mettere degli ostacoli alla loro libera crescita.

La famiglia, tuttavia, rimane un modello ascoltato, spesso contestato, in ogni caso determinante per la vita futura. A volte il condizionamento è ideologico, altre sociale o economico: spesso toglie serenità nelle scelte affettive, le determina rendendole rigide.

Molti «amori sbagliati» vengono replicati proprio in opposizione ai giudizi subiti dai genitori: ci si accanisce a frequentare qualcuno proprio per far star male mamma, per far vergognare papà, per mettere in discussione le opinioni della famiglia. Non è sadismo filiale, ma necessità di autoaffermazione.

Quando i genitori incrociano l'aliscafo dell'adolescenza dei propri figli senza cercare di comprendere il messaggio sotteso ma solo per sminuire le loro scelte d'amore, creano fragilità. La prima esperienza amorosa potrebbe essere il momento in cui si risponde alla necessità di una complicità che precedentemente non aveva avuto spazio per svilupparsi: un'occasione per i genitori per riflettere, per provare a comunicare. Invece, il piú delle volte, questo diventa un terreno di scontro, di incomprensioni.

Il comportamento provocatorio di un figlio vuole mettere i genitori di fronte a un'evidenza, vuole informarli che è cresciuto. Magari teme di non aver mai contato niente per i suoi, mentre attraverso la scelta del suo primo amore pensa di avere l'opportunità di dimostrare di essere adulto, in grado di prendere delle decisioni anche importanti. Di prendersi la rivincita e di iniziare a essere rispettato.

È un meccanismo un po' contorto per arrivare al rispetto reciproco tra genitori e figli. Tuttavia, la comunicazione è complicata ancor piú nell'adolescenza quando le emozioni prevalgono sui discorsi razionali. Una comunicazione che a volte passa attraverso esercizi di sadismo, sembra che si voglia infierire sui genitori toccando le corde piú sensibili, quelle dei sentimenti. Invece piú spesso l'adolescente in questo modo afferma di non essere piú un bambino, agendo provocatoriamente, anche facendo del male ai genitori.

Qualcuno dirà che esistono tantissimi ragazzi e ragazze che si fidanzano tranquillamente, con tanto di benedizione di mamma e papà. Eppure questa «pace» mi fa nascere, a volte, delle perplessità: sono portato a dubitare delle situazioni troppo tranquille, delle acque chete. È naturale domandarsi se quei ragazzi non stiano cercando – proprio attraverso la scelta del partner affettivo – l'approvazione dei genitori. Ci sono figli che hanno bisogno dell'approvazione dei genitori piú che di una passione reale. Questo è l'aspetto piú inquietante. Un atteggiamento che svela la paura di non contare nulla per chi li ha messi al mondo, anzi di non essere amati, ma solo sopportati. In questo modo, a volte l'innamoramento giovanile diventa l'unica occasione per farsi considerare da chi ti dovrebbe amare incondizionatamente.

Potrà sembrar strano ma molti genitori temono la crescita dei loro figli, non riescono a capacitarsene: cosí preferiscono trattarli ancora da bambini costringendoli, proprio per questo, a scelte estreme. Quanti padri e quante madri sono capaci di vivere serenamente l'evidenza di un corpo che cambia e che scandisce il passaggio a un'età piú adulta, fatta di scelte, di consapevolezza di sé, di libertà?

Questo cambiamento a molti genitori fa paura. Intimorisce constatare che quel bambino meraviglioso cosí ubbidiente e controllabile, che stava a orari e a condizioni, si sia dissolto. Al suo posto è ora un giovane che inizia ad avere una propria identità: un cambiamento che spaventa una buona parte degli adulti come tutto ciò che ha a che fare con la libertà.

Non capita sovente che i genitori vengano posti di fronte a una pacata affermazione in cui si dichiara di essere innamorati. Piuttosto, la novità viene fatta capire in modo provocatorio: ritardi nel rientro, bruschi cambiamenti caratteriali, irritabilità, suscettibilità. La ragazza che fino al giorno prima andava in giro vestita con abiti che non destavano attenzione, inizia a indossarne di piú eccentrici, seduttivi; il ragazzo che è sempre stato il primo della classe, comincia a non studiare piú e a passare ore al telefono. I genitori magari qualcosa intuiscono, ma tutto rimane avvolto da un ostinato silenzio: nessun adolescente rivelerà facilmente i motivi di un cambiamento cosí radicale, né si può pretenderlo.

È difficile da credere, ma la gran parte dei genitori ancor oggi ritiene che l'ingresso nella vita adulta dei loro figli non possa e non debba passare per un amore «sbagliato». Per molti di loro gli amori giovanili dovrebbero essere «moderati», anche se è difficile comprendere come possa un amore di quell'età essere moderato.

Forse per costoro l'amore «giusto» dovrebbe essere quello che non fa cambiare piú di tanto il loro comportamento, che non stravolge la vita, che mantiene l'armonia in famiglia. Tuttavia l'amore non è sempre questo. Anzi, non accade quasi mai nell'adolescenza, quando, dovendo scrivere i primi segni sulla lavagna della propria vita affettiva, le righe non riescono perfettamente parallele e la geometria precisa che mamma e papà vorrebbero viene messa a soqquadro dall'impeto della passione cieca.

Gli amori adolescenziali costituiscono i primi passi nel tentativo di affermare una parte fondamentale della propria identità. Sono le tappe fisiologiche di una ricerca propria, intima. Il cambiamento sarà forse scomodo ma è necessario in quanto solo passando dalla cultura famigliare a quella individuale la crescita di una persona può procedere con certezza, e questo passaggio accade anche per contrasto. La maturazione non può avvenire sotto l'ombra dei genitori.

Fino a un paio di generazioni fa gli amori giovanili erano piú prevedibili. I ragazzi e le ragazze avevano meno libertà, la rigidità morale comportava un'incrostazione sessofobica. Uscire con una ragazza che avesse molti anni in piú, con un giovane di una classe sociale molto diversa o addirittura di un'altra razza, era per molti impensabile. Il timore del giudizio negativo dei genitori poteva censurare sul nascere certe fantasie.

Oggi, per fortuna, è tutto diverso. Le preclusioni sono minime e il punto di vista del papà e della mamma pesa meno sulle scelte dei ragazzi. Le esperienze sessuali tendono ad affermarsi in un'età sempre piú precoce e vengono interpretate come un indice del desiderio di crescere.

Nell'adolescenza la maturazione non procede poco alla volta, per scalini uguali, ma conosce andamenti fulminei, difficili da decifrare anche dal piú consapevole dei genitori. Non si cresce solo perché si passa con facilità dalla lettura di Verga a quella di Miller o perché si riesce a tradurre perfettamente dal greco. L'amore è uno strumento fondamentale e imprevedibile di maturazione emotiva: l'unico capace in pochi mesi di trasformare un adolescente in adulto.

Quando ero al liceo presi una cotta per una ragazza molto piú grande di me: avrà avuto ventitre, ventiquattro anni, eppure mi sembrava una donna già adulta. Stava finendo l'università e aveva una miriade di interessi culturali, io mi sentivo un ragazzino che non sapeva esprimersi e che non riusciva a competere in nulla. Quell'incontro mi trasformò in un avido lettore e devo ringraziare i miei genitori che non mi impedirono di vivere quell'esperienza, neppure la volta in cui scappai per raggiungere la ragazza in un'altra città. Se fossi stato frenato, mi sarei sentito incapace di conservare un amore cosí difficile, avrei dovuto chinare la testa, invece di avere l'opportunità di mettermi alla prova.

Per un adolescente frequentare persone molto diverse per età, cultura, appartenenza sociale può essere una sfida importantissima. Significa arrivare al limite delle proprie possibilità, quasi fosse uno sport estremo, superare uno scalino piú alto. Sarei molto piú preoccupato di un adolescente che tende a scegliere sempre di confrontarsi con «conquiste facili»: persone piú immature, culturalmente meno dotate. Significherebbe che non sta crescendo e che non è disponibile a farlo.

È importante valutare anche i casi in cui, invece, l'intervento dei genitori è utile se non necessario. Mi riferisco alle cosiddette «cattive compagnie», dove «cattive» non è solo un giudizio morale. È arduo il compito per un educatore: si corre il rischio di «agevolare» la scelta estrema di un figlio proprio interferendo eccessivamente. È difficile rimanere vicini ai figli senza invadere il loro spazio, senza cadere nel moralismo: esserci senza esserci è la cosa in assoluto piú complicata.

Un amore può segnare una vita, anche negativamente. Tuttavia, occorre avere il coraggio di provare a capire le ragioni che muovono questo innamoramento, prima di esprimere un'opinione.

Non si deve certo pretendere che un genitore rimanga indifferente di fronte a una storia che si teme possa portare i propri figli a bruciarsi. Il quieto vivere, il non voler vedere per non voler capire, di certo non aiuta. Un genitore non può abdicare.

Al contrario, è fondamentale intervenire, evitando però di enfatizzare la critica. A tutti scappano parole forti in certe situazioni, non bisogna avere paura di manifestare una disapprovazione, un rammarico profondo, un senso di fallimento. È proprio in queste circostanze che un genitore teme di avere sbagliato in tutto: di non essere stato abbastanza presente, di non aver controllato o di non essere stato attento agli ambienti che il figlio frequentava, di non aver colto i primi segnali. Un percorso di crescita che sembrava simile a tanti altri improvvisamente diventa lo specchio di una catena di insuccessi, di sbagli, di miopie.

Aiutare un figlio senza piangere sul latte versato, confortati dal fatto che anche una brutta esperienza potrà essere affrontata e superata è una risorsa da cui trarre energia per proseguire con costanza il lavoro di educare.

È difficile dare consigli quando un figlio ha imboccato una strada pericolosa, non ho una ricetta pronta, ogni caso è a sé. Credo sia giusto pensare che nulla è mai perso per sempre e convincersi che qualsiasi tentativo per recuperare la propria credibilità e autorevolezza valga la pena di essere fatto. Anche se sembra tardi, anche a costo di iniziare una battaglia a suon di scenate quotidiane. Non è molto, ma sempre meglio della rassegnazione. Spesso piú s'insiste, piú i figli rischiano di perseverare nel loro comportamento: tuttavia è un rischio che bisogna saper correre. Mi rendo conto che molti genitori si trovano nella condizione non invidiabile di non sapere come muoversi, di non sapere se tirare le redini a costo di spezzarle oppure far buon viso a cattivo gioco. È necessario sperare che il figlio maturi, che prenda coscienza, ma un adulto deve farlo sempre un minuto prima di lui.

Un amore sbagliato non può essere solo totalmente negativo. Anche una brutta esperienza può servire: se un adolescente supera questo guado può diventare un uomo o una donna piú forte.

Diverso è l'atteggiamento che un genitore deve assumere nei confronti della figlia (parlo al femminile perché è una realtà piú diffusa) che sta con un ragazzo violento. Si notano gli occhi arrossati, qualche livido sulle braccia, una camicetta strappata e s'insinua un dubbio atroce. La strada migliore è cercare con pazienza di aiutarla a capire che cosa ha mosso quell'attrazione, farla ragionare sulle scelte compiute con serenità, senza giudicare: deve essere lei a elaborare un giudizio. Occorre saperle dire che la violenza non va giustificata in nessun caso, tanto meno per amore.

Nemmeno l'ingenuità deve essere tollerata: è bellissima fino a che si è piccoli, ma diventa un difetto da grandi, in quanto è tipica di chi non sa giudicare le persone. Quando inizia una storia d'amore non si può permettere all'ingenuità di non vedere. Ciò vale nel momento in cui si stabilisce un rapporto intimo, ma riguarda anche le amicizie.

Se si pensa di aver fatto un incontro sbagliato – anche da adulti – si può provare a ripercorrere la storia come se si usasse una moviola, fino a riconsiderare gli indizi che hanno scatenato quel gesto, fatto alzare la voce, prodotto quel comportamento violento. Bisogna chiedersi perché non si è capito prima, come si possa porre rimedio all'ingenuità. Neppure per questo è mai troppo tardi. Un amore sbagliato, tuttavia compreso e assimilato, aiuta sempre a crescere.

Una delle paure che piú allarmano i genitori – anche se pure in questo caso i tempi stanno per fortuna mutando – riguarda la scoperta della propensione omosessuale dei figli.

Se partiamo dal presupposto che per un genitore sia giusto il comportamento che rispetta regole sociali e morali consolidate e che sia sbagliato tutto ciò che le infrange, l'inclinazione omosessuale viene classificata, nella maggior parte dei casi, tra gli amori sbagliati.

L'aggravante è costituita dal giudizio negativo che si estende dalla relazione affettiva all'individuo: non è piú solo il legame sentimentale a essere «sbagliato» ma il figlio o la figlia a esserlo. Ancor oggi infatti sembra quasi che l'omosessualità sia un marchio infamante, un'offesa intollerabile per la famiglia.

Anche se la notizia sconvolge entrambi i genitori, di solito è uno dei due a sentirsi piú ferito. La madre per l'omosessualità femminile, il padre per quella maschile, cosí come, al contrario, è piú facile trovare complicità nel genitore del sesso opposto, proprio in quanto è quello che non si sente direttamente coinvolto. I padri di un figlio gay di solito reagiscono in modo scomposto, con un totale rifiuto che però non sempre si prolunga nel tempo. Le madri, invece, riescono a essere ostili anche a distanza di anni verso una figlia omosessuale e la sua compagna.

La ragione principale del rifiuto genitoriale dell'omosessualità risiede nel fatto che viene messo in crisi il meccanismo psicologico di proiezione. I figli costituiscono l'eternità dei genitori, il loro prolungamento temporale. Attraverso i figli, i genitori si proiettano nel futuro, pensano che la prole darà continuità ai loro progetti. E quando scoprono che i figli prendono un altro percorso sessuale, fanno i conti con il proprio insuccesso, la propria frustrazione. L'omosessualità costituisce per molti genitori una sconfitta che nega nel modo piú evidente la possibilità di un futuro.

Il modo migliore per superare la crisi è provare a sospendere l'ansia domandando a quel figlio se è felice. Suggerisco a un genitore che si continua a domandare dove stia l'errore commesso durante la crescita di un figlio cosí poco «normale», di sospendere quell'angoscia e di non preoccuparsi.

Nell'adolescenza la difficoltà nel definire la propria identità dal punto di vista sessuale è fisiologica: nulla di ciò che accade in quella fase della vita può considerarsi definitivo. In ogni caso è necessario pensare che l'omosessualità rappresenta, piaccia o no, una scelta legittima. Oggi viviamo in un mondo in cui l'essere gay, lesbica o eterosessuale è questione assolutamente personale, intima e nessuno, nemmeno i genitori, ha diritto di giudicare. So bene che ciò che affermo non è ancora condiviso da molti: un padre, pur di larghe vedute, può sentirsi imbarazzato alla battuta di un amico sui «gusti» sessuali del figlio. È una reazione comprensibile, tenuto conto che cambiamenti culturali di questa portata richiedono molto tempo per essere assimilati: solo pochi anni fa l'omosessualità veniva considerata da molti psichiatri una malattia mentale.

Torno al punto fondamentale: un genitore deve chiedersi prima di tutto se il proprio figlio o la propria figlia si sentano sereni nella relazione sentimentale che hanno deciso di vivere. In altre parole, il problema è chiedersi se sono felici e basta.

È capitato a tutti di prendere delle cantonate in amore. La suggestione iniziale può abbagliare, si può sbagliare nel valutare una persona soprattutto nell'innamoramento che spesso si trasforma in un progetto diabolico, spingendo a fare errori a ripetizione.

Un paziente si lamentava di avere fatto collezione di donne sbagliate e mi chiedeva un consiglio per riuscire a pescare la carta giusta dal mazzo. Premetto che non sono un esperto di astrologia, tanto meno di malocchio o nell'uso della sfera di cristallo: senza voler togliere nulla ai maghi, faccio solo un altro mestiere. Esiste, tuttavia, una spiegazione diversa, qualcosa che ha a che vedere con un'inclinazione, una specie di «predestinazione».

Chi fa il mio mestiere è, a volte, portato a pensare che una certa propensione alle sconfitte amorose risalga a un'eccessiva fame d'amore sperimentata durante l'infanzia. L'esperienza clinica dimostra che se da bambini si è stati poco nutriti di amore, si andrà poi a cercare questo nutrimento-non nutrimento per tutta la vita. La fame d'affetto non ha nulla a che fare con l'atteggiamento narcisistico tipico dei marpioni, dei piacioni: non è necessariamente una vana ricerca di essere ammirati. Si tratta, più spesso, di un bisogno profondo, non di piacere ma di essere amati comunque, di essere al centro di una qualsiasi attenzione, di un risarcimento di ciò che l'infanzia ha sottratto.

È un meccanismo psicologico che forse sembrerà banale nella sua quasi matematica prevedibilità. Eppure rappresenta una dinamica corrente.

Un bambino viene al mondo nella certezza di essere amato. La centralità affettiva è un bisogno fondamentale per ogni creatura: se ciò s'infrange o è messo in discussione, la sconfitta viene elaborata in un bisogno estremo, si mettono in atto meccanismi di difesa psicologici per riparare il danno i quali però non sempre riescono a colmare quel vuoto. Si corre cosí il rischio di amare anche il «non amore».

Non esiste un solo modo di essere amati da bambini. Chi ha ricevuto molti stimoli con buona probabilità sarà segnato da quell'impronta, non si accontenterà di una vita banale, vorrà leggere, viaggiare, cercherà emozioni intense, non si abbasserà a una mediocrità esistenziale.

Non basta mettere al mondo dei figli per saperli amare, non è certo sufficiente riempirli di superfluo: occorrerebbe trasferire loro stimoli e suggestioni emotive (per questo i soldi non sono necessari). In mancanza di questo carico affettivo, quando non si è vissuto appieno l'apprendistato all'amore, cosa si cercherà nella vita adulta? Ciò che si è avuto, perfino il vuoto.

Alcune ragazze tendono a innamorarsi di tipologie maschili che assomigliano ai loro padri. Un certo modello di uomo, che in realtà hanno già avuto in casa, un amore impossibile. Una ricerca che riguarda tutto quello che quell'uomo può rappresentare: modi di fare, cultura, aspetto fisico, sentimenti, abbandoni compresi. A volte questa ricerca s'indirizza verso uomini piú grandi che rispondono meglio a quelle aspettative, desideri non piú soddisfatti dal gruppo dei coetanei (anche se un uomo piú grande non significa necessariamente un amore sbagliato).

Vi sono persone che sembrano capaci solo di scegliere il proprio danno e incappano fatalmente in partner che fanno soffrire. Altre che, mosse da un senso di rivalsa, vogliono prendersi una rivincita amorosa. Il ragazzo che si dimentica di chiedere come sia andato l'esame della fidanzata, una donna che non si preoccupa di sapere come stia il suocero appena operato: piccole e grandi disattenzioni che fanno capire al partner quanto sia «trasparente», un amore sussidiario. L'esperienza di «sentirsi guardati come attraverso un vetro» di solito rappresenta ciò che si è subito o temuto nell'infanzia: una replica di uno spettacolo già andato in scena nella prima parte della vita e che paradossalmente non si vuole eclissare ma vedere replicato.

Si va cosí in cerca di una riparazione, ritornando sulla scena del delitto. Lo scopo è riprovare nella speranza di vincere. È un voler combattere contro una persona, simile a quella che ha procurato il danno «primario», con la precisa volontà, la volta successiva, di non soccombere.

In realtà, si sa benissimo che si perderà in quanto quella persona è stata scelta proprio per la sua forza, non per la debolezza: in questo modo si replica il lutto, la sofferenza.

Vi sono donne portate a fare le crocerossine in amore (ma si potrebbe trovare facilmente anche l'epigono maschile). È quella che, un tempo, si chiamava la sindrome dell'«io ti salverò». Erano le parole tipiche pronunciate dalla ragazza perbene che s'innamorava del peggior delinquente del quartiere, del ragazzo violento, brutale, mascalzone, con l'idea di redimerlo, di salvarlo dalla dannazione. In realtà questa frase, abbastanza ipocrita, nasconde tutt'altro pensiero, difficilmente ammettibile: quell'energumeno piace proprio in quanto è un poco di buono. Quello perbene, che porta puntuale un fiore ogni giorno, non interessa proprio alla crocerossina.

Si tratta di persone che hanno bisogno di sperimentare emozioni forti. La persona che si governa facilmente rassicura ma spesso non piace e in assenza del brivido cui si è ancestralmente legati anche il mistero scompare.

L'opposto è spesso un'emozione continua che attrae ma atterrisce pure. Sono frequentemente storie a tempo, intense e brevi che si possono vivere per andare oltre.

L'altra faccia della medaglia è spesso rappresentata dal grande seduttore, ovvero la storia classica dell'uomo maturo che perde la testa per la bella e giovane ragazza. Per quest'uomo, il piú delle volte fresco di separazione o con una insoddisfacente vita coniugale, l'incontro rappresenta l'occasione per una rinascita sensoriale ed emotiva. Certe pulsioni, magari un po' sopite, vengono risvegliate dall'avvenenza e dalla giovinezza della nuova conquista: sentirsi cercato da una bella ragazza lusinga, fa sentire giovane, ancora capace di sedurre, come in una riedizione del patto faustiano. Spesso questi uomini rivestono un discreto ruolo sociale, hanno potere, un buon portafoglio e una debolezza: quella di pensare che si possa comprare tutto, anche l'amore, per poi stupirsi quando la ragazza, invece di ricambiare il sentimento, li «sfrutta» lasciandoli quando compare qualcuno piú giovane e libero.

Questi incontri non sono «sbagliati» fin tanto che lo scambio è alla pari, ma diventano infelici se entra in gioco il sentimento: lasciano un grande vuoto, un deserto emotivo che poi qualcun altro dovrà subire.

Farsi del male con l'amore rappresenta per qualcuno una seduzione irresistibile. Anche in questo caso il danno ha radici che affondano nell'infanzia: in quell'età un bambino tende a conferire a qualsiasi accadimento il nome «amore», tutto viene chiamato con quell'unico vocabolo. La parola «amore» viene associata alle piú diverse e contraddittorie esperienze emotive: sia piacevoli che abbandoniche. Perfino l'indifferenza verrà chiamata cosí, esattamente come le urla, la violenza fisica e psichica. Accade cosí che, ineluttabilmente, quel bambino una volta diventato adulto sarà portato a cercare quell'esperienza d'abbandono o d'indifferenza come fosse inscritta nel codice della sua anima come «amore», cioè come «bene». Un vero e proprio «tropismo» negativo che porta l'individuo a cercare il bene nel male tanto da riuscire a trovare nell'amore vero – quello privo di positività – ciò che piace, ciò che seduce.

Eppure molti fanno fatica a capire le ragioni che spingono una persona, che nell'infanzia ha visto l'inguardabile, a scartare ostinatamente partner sereni e a farsi invece accalappiare da buoni a nulla o perfino dal danno in carne e ossa. Non è una questione di masochismo: è che per qualcuno l'amore è *tout court* sofferenza conosciuta precocemente e precocemente entrata nella sua pelle. Un danno che si replica costringendo quella persona a cercare ancora tormento, quello specifico tormento. L'amore «vero», quello che si declina con il rispetto e la complicità, non gli procura emozione né soddisfazione: non è riconoscibile.

Un noto film di alcuni anni fa si intitolava *Se scappi ti sposo*: il fascino dell'uomo o della donna che maltratta, che fugge e che per questo diventa un'icona, un «modello» di sofferenza. Spesso si tratta di persone vissute in famiglie dove, ad esempio, vi era una mamma premurosa, sempre presente, attenta e un papà latitante, irraggiungibile. Superata la pubertà quella figlia incomincia a prendere in considerazione l'icona del padre inesistente – odiato e amato – e tenderà a cercare amore e affetto in figure che sanno solo replicare l'abbandono subito.

Al di là delle interpretazioni psicologiche sulle esperienze infantili, esiste una realtà banale fin che si vuole ma purtroppo sempre in auge: «in amor vince chi fugge». La ragione poggia sul dato di fatto che la quotidianità è scomoda, piena di difetti, ripetitiva: chi la evita si mette su un piedistallo, dato che non condivide lo spazzolino ma solo il ristorante a lume di candela. Si tratta di un amante immaturo, che pensa che il fascino risieda solo nell'eclissarsi, nel farsi cercare: persone che non sanno amare e non sanno farsi amare proprio perché riducono l'arte amorosa a un'insana ricerca di formule e di strategie.

Un altro mito che rientra nell'inventario degli amori sbagliati e che imperversa soprattutto tra i piú giovani è rappresentato dalla convinzione dell'«io ti cambierò». Si tratta in questo caso dell'espressione pretenziosa di chi non sa rispettare l'altrui diversità, di chi ama solo la propria immagine riflessa, di chi pensa che le persone siano ammassi di cellule modificabili come la plastilina.

L'amore è unione di due persone, ciascuna con la propria personalità, non sfida. È arrogante pensare che il sentimento debba funzionare come una bacchetta magica utilizzata per modificare i connotati psicologici dell'altro. Non che l'amore sia di per sé fragile, ma è che nulla al mondo trasforma qualcun altro, semmai possiamo modificarci da soli. Affermare che si vuole cambiare il partner equivale a dire che lo si vuole salvare, dunque si tratta di supponenza, megalomania psichica. Voler cambiare qualcuno rappresenta la migliore premessa agli incidenti piú catastrofici dell'amore, proprio in quanto si parte da una tracotanza, dall'idea – intollerabile – di essere superiori, migliori: significa non nutrire stima. Una prevaricazione che non può che condurre a un conflitto distruttivo, un perenne scontro tra chi vince e chi perde. Non incontro tra diversità, ma collisione che uccide il rapporto, resa dei conti.

Esiste, da ultimo, l'amante a vita, quello di lungo corso: chi riesce a fare da ruota di scorta per dieci, venti o trent'anni. La figura dell'amante oscilla, psicologicamente parlando, tra l'indifferenza e la totale mancanza di amor proprio: tra chi pensa che tanto è inutile illudersi con l'amore e chi ritiene di potersi permettere – «meritarsi» – solo una persona part-time, di essere solo una parentesi, un momento di svago. Non può ambire a un ruolo alla luce del sole.

In entrambi i casi non si vuole affrontare la «fatica» del rapporto, né la frustrazione di essere rifiutati. La vera condanna dell'amante a vita è che il suo ruolo è statico, non ha evoluzione, vive in un limbo emotivo. Non si sente né accettato né rifiutato. Rimane – e vuole rimanere – a mezz'aria, come una geisha che non può diventare altro. Se è la segretaria al massimo diventa la caposegretaria, ma non può aspirare a nulla di piú. Anzi non deve, in quanto sa benissimo che se aumenta anche di poco il livello delle richieste personali verrà immediatamente lasciata: gli ultimatum lasciano il tempo che trovano.

Il ruolo dell'eterno secondo non è solo scomodo o frustrante, altrimenti non si spiegherebbe perché è praticato cosí frequentemente. Faccio un esempio al femminile. L'amante è depositaria d'informazioni ignorate dalla moglie, ha spesso complicità nel lavoro e raggiunge, a volte, un'intimità sessuale enormemente piú profonda rispetto alla compagna ufficiale. Con un'amante il rapporto, spesso, conosce momenti di grande passione, per lei quell'uomo fa cose che per la moglie non ha mai fatto. In altre parole, l'amante s'illude di possedere un potere «ricattatorio» legato, appunto, al suo ruolo di «depositaria» di segreti, situazioni delicate che nessun altro conosce (molti dei recenti scandali che hanno scosso il mondo della politica e degli affari sono legati alla rottura di rapporti clandestini che diventano delle vere e proprie polpette avvelenate, delle schegge impazzite).

L'amante dunque, valutando il proprio tornaconto, spesso non riesce a valutare la «tossicità» di quella relazione. Sono situazioni di un'ambiguità terribile, che durano anni, vere vite parallele, in cui la bassa considerazione di sé viene compensata da una serie di vantaggi economici o di carriera. Ma soprattutto l'amante è una persona sola che non riesce a sopportare la solitudine. Difficilmente può cercare di chiarirsi le idee parlando con qualcuno: in questi casi anche gli amici piú fidati diventano o inutilmente complici o ripetitivi. Occorrerebbe avere la forza di prendersi un periodo sabbatico, una vacanza, anche per evitare di aggredire le persone vicine che hanno il solo torto di voler aiutare chi soffre: già, perché l'amante difficilmente lo ammette, eppure soffre d'impotenza.

Anche un breve periodo di solitudine aiuterebbe a pensare a sé senza interferenze esterne. Uno dei punti chiave della psicologia, infatti, è la consapevolezza. Quando, in qualunque momento della vita, si arriva a prendere coscienza – che non significa fare i bilanci del bene e del male, ma formulare una sintesi piú complessa, una valutazione generale della propria esistenza – emerge il dovere di cambiare qualcosa. Magari poco, perché si ha paura, ma si percepisce che qualcosa della vita deve e può cambiare. Non c'è nulla di peggio che infilare la testa nella sabbia: non si crescerà mai.

Un vecchio francese aveva lasciato scritto: *tout arrive à qui sait attendre*, se si sa aspettare, arriva tutto.

Dopo tanti amori sbagliati, bisogna saper fermare il gioco, fare un'interruzione, prendere del tempo per sé e capire dove sta l'errore. Serve a staccare la spina, disinnescare questo marchingegno terribile che porta inevitabilmente alla coazione, alla recidiva, a ripetere stucchevolmente gli sbagli della propria vita: perché gli errori sono sempre piú forti delle nostre ragioni.

Una salutare dieta sentimentale, un'astinenza, non segue una regola. Cinque minuti, sei mesi, un anno, non fanno una grande differenza, l'importante è avere il coraggio di staccare, in quanto è da quel momento che si riparte per acquisire un minimo di amor proprio. Dimostrare che si può credere in se stessi è fondamentale. Significa tornare a casa e non trovare nessuno ma capire che quel vuoto è meglio della perdita definitiva della propria dignità.

Si può ricominciare dalla ricetta preferita, dal vedere un film che non si ha mai avuto il tempo di guardare. Sarà triste, ma sempre meglio del non riuscire a rifiutare l'umiliazione.

Non sono certo pochi i casi di chi si compiace nel farsi maltrattare. Parlo, ancora una volta, al femminile. Quante ragazze sono perfettamente consapevoli della pericolosità dei loro partner e, ciononostante, si ostinano a perseverare quei rapporti? Naturalmente, lo ripeto ancora una volta, ritengo che in amore sia lecito tutto quello che passa tra due persone maggiorenni, adulte e consenzienti. L'importante è, appunto, averne coscienza. Anche i rapporti subiti possono essere delle esperienze fondamentali se si considerano come trampolini per tuffarsi in una vita affettiva meno passiva e piú rispettosa di se stessi. Maturità significa comprendere cosa sia la mediocrità affettiva e saper navigare verso vere passioni.

Anche gli amori sbagliati aiutano a crescere, ma per crescere occorre volerlo, è un lavoro, una fatica. Le donne, in genere, sembrano avere meno problemi a stare da sole: se sanno usare questo vantaggio si salvano, riescono a prendere le distanze e a organizzarsi. La serenità ritrovata con l'amicizia è una grande conquista che dimostra che si deve credere in se stessi. Anche i figli e la vita professionale possono aiutare a compensare quel vuoto affettivo. A volte un amore, per quanto guasto e dannato, viene a mancare: si può rimpiangere ciò che per una fase è stata generosità, che ha arricchito un periodo della vita, ma non si può avere nostalgia di chi ha riservato deserti, ha concesso brevi gesti micragnosi, di chi è stato l'interlocutore assente.

La considerazione di sé, il credere in se stessi e la dignità non vanno mai dimenticati.

Spesso gli amori dannosi ci mettono di fronte a un terribile bivio: chiudere una storia che fa soffrire o rischiare di venire congelati in un nido privato d'affetto.

L'aspetto positivo degli incontri «sbagliati» è nello stupore suscitato dall'incontro successivo, riuscire a capire che ci si può meritare di piú, che abbiamo una voce, un'identità e non siamo carne da macello sentimentale. A volte si può anche pensare di essere generosi, di aver dato sentimenti a chi non sa riconoscerli: peccato per l'altro o l'altra, non sanno cosa si sono persi. L'importante è saperlo noi.

Per lavoro ho viaggiato molto. In una delle mie prime esperienze, dopo avere vinto una borsa di studio internazionale dell'Organizzazione mondiale della sanità, ho vissuto e lavorato nel Nordovest dell'India, nella bellissima città di Chandigar – il cui piano urbanistico è stato progettato dal grande architetto francese Le Corbusier – che tuttavia, per un ragazzo come me, offriva poche distrazioni, tranne quella che portava lungo un sentiero alla sommità di una collina ricoperta da una fitta vegetazione. Quel cammino conduceva a un antichissimo tempio dove la gente sedeva in meditazione oppure portava in offerta grandi quantità di frutta e fiori. L'unico pericolo – mi avevano avvertito – era rappresentato da un'enorme famiglia di scimmie le quali, se qualche viandante estraeva qualcosa dalle tasche, usavano gettarsi dalla sommità degli alberi dove vivevano per afferrare quell'oggetto. Siccome pesavano una ventina di chili, si può facilmente immaginare lo spavento.

Un giorno mi attardai conquistato dalla bellezza e dalla pace di quel luogo incantato. Avevo appena messo piede sul sentiero per tornare a casa quando un urlo, quasi umano, m'immobilizzò. Alzai lo sguardo e vidi che tra i rami stavano transitando, con velocità e destrezza straordinarie, decine di scimmie. Seguivano tutte una direzione precisa, condotte da una bestia ancora piú grande di quelle che avevo potuto vedere: il capobranco. Correvano verso il sole che tramontava all'orizzonte. Incuriosito, seguii quegli animali in fuga. Mi ritrovai in una radura prospiciente il grande disco rosso. Erano sedute e allineate in una strana compostezza: il capo avanti, le altre dietro. Osservavano il sole morente e piangevano. Un lamento straziante. Strano: mi avevano avvertito del peso di quegli animali, ma non che potessero piangere.

Sedendomi non lontano da lí, pensai: «Forse hanno ragione loro, sono migliori di noi. Hanno capito che è successo l'irreparabile. Stiamo assistendo alla tremenda fine di un giorno. Una giornata che nessuno potrà ridare piú, una in meno da vivere».

Tutti i giorni perdiamo qualcosa.
La razionalità permette di non soffrirne, tuttavia rischia di farci diventare indifferenti. Alzando la soglia del dolore non riconosciamo piú quel morso incalzante che strema parte della vita. Per questo quando la sofferenza colpisce in pieno, come ad esempio accade alla fine di un amore, crea sconcerto. La mancanza di dolore, il tentativo di cancellarlo hanno reso gli uomini anestetizzati, non piú forti. La separazione, infatti, non è solo disperazione, tristezza, gorgo di lacrime, sentimenti negativi. Può essere anche una formidabile occasione di crescita, una palestra di vita. Non voglio dire che tutti dovrebbero separarsi, ma che si dovrebbe imparare a saper vivere questo passo nel modo migliore.

L'innamoramento è entrare in una fiaba. Si è convinti che sarà per sempre. Tutti, anche i piú scettici e induriti, si lasciano trascinare dalla potenza e dalla magia dell'idea di un amore eterno. È comprensibile che sia cosí in quanto l'insana ossessione fa parte di questo sentimento ed è giusto credere che da quell'uomo, da quella donna non si conoscerà mai separazione, proprio come succedeva nelle fiabe che ci raccontavano da bambini.

Eppure anche le favole piú belle finiscono e un giorno, dopo l'ennesima litigata, viene spontaneo chiedersi se per caso non si sia incorsi nell'errore, se non si sia preso un abbaglio. Se quel rapporto, quel legame non sia destinato a finire. Nella mente inizia a balenare l'idea della separazione, si sente un *clic*, qualcosa che si rompe. Non si può sapere se il primo distacco sarà definitivo. A volte si vorrebbe razionalmente che fosse un punto di non ritorno, mentre irrazionalmente si spera che possa esistere una seconda chance.

Dirsi addio spezza, fa invecchiare il cuore, fa precipitare nella disperazione. Gli stati d'animo che accompagnano un distacco definitivo sono tra i piú tremendi e dolorosi che un essere umano possa provare: senso di fallimento, tristezza, delusione, angoscia. Eppure questa sofferenza ha un senso e un'unica radice: l'esperienza di abbandono subita nell'infanzia.

In psicologia non s'inventa nulla e nulla degli accadimenti vissuti da adulti è nuovo. C'è sempre un riferimento a esperienze precoci. Da piccoli accade di dover far fronte alla morte di una persona importante, un nonno ad esempio, che spegnendosi lentamente o mancando all'improvviso ci priva dell'estrema possibilità di un «lungo addio», cioè della possibilità di elaborare un lutto, un distacco. Non è l'evento in sé che conta, la morte dolce o drammatica, ma le emozioni accumulate, i ricordi, le sensazioni.

Esiste una componente inconscia, misteriosa che lega ogni singolo a chi è passato al cielo. In quel luogo minuscolo e segreto si annida il dolore, che diventa l'inizio di una grande paura. Gli abbandoni che verranno nel corso della vita avranno, come modello, quel primo distacco. Il modo di abbandonare o di essere abbandonati sarà in buona parte determinato in futuro dal modo in cui si è vissuta quella precoce esperienza.

Una volta il regista Pupi Avati mi disse: «Capisci gli abbandoni quando, da piccolo, incominci a renderti conto che c'è una cosa sola per sempre: la morte». Ogni bambino nasce con la meravigliosa convinzione che tutto sarà per sempre: la mamma, l'amore, l'infanzia. Che nessuno invecchierà, che il nonno non si ammalerà, che il gioco non finirà. Tuttavia ognuno sa, e quel bambino imparerà, che il «per sempre» prima o poi finisce.

Non è soltanto l'ineluttabile realtà della morte, l'estremo abbandono: ogni giorno che passa l'infanzia si allontana sempre di piú, insieme al periodo delle coccole, dove tutti volevano bene senza chiedere nulla in cambio e si entra nell'età delle responsabilità, in cui i sentimenti e gli affetti hanno un costo, a volte, molto salato. L'abbandono, pertanto, fa parte della vita. È il prezzo della crescita. Chi non vuole crescere soffre di meno, ma vive di meno. Percorrere le tappe che trasformano un adolescente in un adulto non dovrebbe preoccupare, è un cambiamento sano. Invece molti giovani mi dicono di avere paura, di essere spaventati dalle grandi passioni in quanto temono che possano finire. Si dovrebbe spiegare a un figlio il modo in cui si manifesta l'innamoramento, le meravigliose sensazioni che si provano, la perdita di controllo, aggiungendo però che anche la piú bella infatuazione può stemperarsi e portare a un allontanamento. Piú grande sarà stato l'amore e piú si soffrirà. Se non si dovesse soffrire per il distacco significherebbe che non abbiamo vissuto interamente.

L'istinto ci avverte di un quotidiano appuntamento con la morte, suggerisce di tenere presente la possibilità del dolore in ogni esperienza, nello stesso modo in cui spinge le scimmie di Chandigar a piangere per il tramonto del sole. Successivamente la vita costruisce un groviglio complesso, distaccato dall'istintualità animalesca, sempre piú razionale, che alza la soglia del dolore.

La nostra cultura va sempre piú verso questa direzione: un bambino si trova a vivere in un mondo innaturale in cui il dolore è stato estirpato, in cui la frustrazione non esiste piú, in cui tutto avviene in maniera comoda, facilitata, tutelata, asettica. E quando inevitabilmente qualche saetta avvelenata arriva, gli effetti sono devastanti. Quel ragazzo, quella ragazza non hanno avuto strumenti per capire, prevenire, oppure semplicemente per interpretare l'abbandono. Non hanno neppure avuto modo di mettersi alla prova dal momento che la dipendenza reciproca famiglia-figlio li porta a vivere l'allontanamento da casa come un vero lutto. In apparenza sembrano tutelati, in realtà sono spaventati dalla stessa esperienza di vivere.

Questa è la ragione per cui nell'educare dovrebbe essere contemplato un maggiore rispetto per l'istintualità presente nell'emotività. Vi sono paure che non devono essere prevenute e protette: chi non è mai caduto dalla bicicletta diventerà un pessimo corridore e la prima volta che farà un capitombolo rimarrà bloccato dal terrore che possa riaccadere.

Il valore e l'importanza delle esperienze negative risiede nel fatto che attraverso questi improvvisi cambiamenti si piantano i primi semi di un sistema immunitario psicologico forte ed efficiente. Funziona esattamente come quello biologico, si costruisce attraverso esperienze frustranti: l'abbandono è una coltura che fa crescere gli anticorpi.

Non sto sostenendo di «abbandonare i figli». Immaginiamoci però un bambino che gioca tranquillo in camera, scopre una cosa nuova, chiama la mamma la quale si precipita da lui, come una domestica. È un errore, un gesto che comunica ansia. Meglio lasciar passare qualche minuto, non essere immediatamente disponibili. È sufficiente rispondere che lo raggiungerà appena potrà. È un modo per fare capire al bambino che nella vita esistono tante attività e che lui non è al centro dell'universo. A nessuno piace essere abbandonato, però bisogna, con amore e dolcezza, abituare un bambino a sopportare le piccole crisi di frustrazione. Da grande vivrà i distacchi con minor ansia e sofferenza.

Qualcuno penserà che sia sadismo o un modello educativo d'altri tempi. Non è cosí. Nell'abbandono e nel dolore esiste un paradosso felice: non solo sottrazione ma anche aggiunta. Ogni volta che si lascia, oppure si viene lasciati, si conquista qualcos'altro: un po' come quando da bambini ci si ammala e ci viene la febbre. È un piccolo lutto: non si può andare a scuola, giocare con gli amici, eppure la mamma arriva prima del solito, prepara la spremuta d'arancia e fa un sacco di coccole. Penso a un trasloco: a volte è straziante cambiare casa. Quando chiudiamo quella porta aperta mille volte dove è passato di tutto – gioie, amori, disgrazie, tenerezze, sorprese, figli – ci prende un nodo alla gola anche se si va a vivere in un appartamento piú grande, piú bello, piú luminoso.

La separazione è forse l'esperienza piú frequente della vita. Ogni minuto della nostra esistenza ci separiamo da oggetti, animali, persone, piante, idee, pensieri, emozioni. Cresciamo per crisi: un paradosso come il trasloco felice/doloroso. Ecco perché è fondamentale «allenare» i bambini alla frustrazione.

Vi sono fidanzati che non riescono a stare un minuto l'uno lontano dall'altra. Ripetono di essere un tutt'uno. Eppure c'è qualcosa di morboso, qualcosa che non produce benessere di coppia. Infatti non è vero che piú si sta insieme piú aumenta la conoscenza. Non è una questione di quantità: alcuni aspetti si conoscono soltanto attraverso una prospettiva di lontananza. Per guardare bene un quadro si deve andare qualche passo indietro, non rimanere attaccati alla cornice.

L'allontanamento fa bene all'amore. Guillaume Apollinaire scriveva: «Tutto mi parlerà di voi durante l'assenza». È un modo per capire l'entità del sentimento, per irrobustirlo quando la quotidianità o l'eccessiva fruibilità lo assottiglia. La consuetudine non è sempre un buon additivo per i sentimenti. La lontananza produce un inaspettato che è sempre emotivo. Molti detestano gli imprevisti, preferiscono sentire di meno ma essere rassicurati. È ovvio che per due innamorati stare vicini è meraviglioso in quanto in ogni momento si può avere la conferma della magia dell'amore. Tuttavia anche la lontananza ha i suoi lati positivi. Il distacco non è dramma ma opportunità per conoscere nuovi aspetti di sé e della vita di coppia. Stare lontani aiuta a non dare per scontata la presenza della persona cara. Significa ripensarsi, che non è come pensarsi in due.

Allo stesso modo credo che, anche all'interno di un rapporto di coppia, sia saggio trattenere degli spicchi di mistero.

La leggenda di Sheherazade offre un'opportunità per capire il punto. Ogni sera, prima di dormire, la figlia del gran visir, ragazza di radiosa bellezza, cercava di ammorbidire la crudeltà spietata e proverbiale dello sposo rimandando alla sera successiva il finale di una fiaba lunghissima e incantevole. Al termine della millesima e una notte, l'amore era sceso nel cuore, guarendo il sultano Shahriar come un balsamo meraviglioso.

Anche nell'amore piú straordinario, nella passione piú travolgente e totalizzante non si dovrebbe mai mettere completamente a nudo se stessi con il partner. Non si dovrebbe aprire totalmente il baule della propria vita, ma al contrario tenere qualche scomparto per sé. Gli angoli segreti e misteriosi dànno all'altro la gioia di scoprire sempre un aspetto nuovo e sorprendente e a noi la certezza di possedere uno scrigno a cui attingere nei momenti difficili. Un silenzio omissivo che preservi una parte riposta.

Ciò torna utile anche quando le storie d'amore volgono alla fine. In questo modo, infatti, un rapporto che finisce non asciuga completamente l'anima, sopravvivrebbe a se stesso. Un aspetto che si potrà offrire alla persona che s'incontrerà, al nuovo amore.

Chi sostiene di avere già dato tutto, vive una vita infelice in quanto non ha piú riserve né grassi da bruciare e si aspetta di poter rimpinguare la cantina con le energie degli altri.

È importante, quindi, preservare i piccoli esagoni del proprio favo per sapersi separare ma anche per mantenere un'idea di futuro, un progetto in cui credere, cui aggrapparsi. Trattenere un alveolo custodito, una parte dell'arnia per sé significa avere dei momenti propri, semplicemente per chiudersi in camera ad ascoltare della musica oppure per andare a fare una passeggiata nel bosco quando non si ha voglia di vedere nessuno. Senza pensare che questo sentimento possa offendere il partner, senza vivere questa esigenza con sensi di colpa. Nei momenti dedicati a se stessi, non bisogna lasciare residui di un malinteso senso del dovere e badare a quello che penserà il coniuge o i figli. Si gode pienamente della propria libertà, di una dimensione esistenziale importante. Dalla passeggiata si torna con il sorriso sulle labbra, ci si è ascoltati, si è riusciti a fare qualcosa che piace, ci si è fatti del bene: un sorriso che si regalerà al proprio uomo, alla propria donna, alla propria famiglia. Nel tempo dedicato a se stessi non si tradisce la coppia, ma la si arricchisce, la si rivitalizza. Apprezzare la solitudine e i momenti privati è importante, ma diventa addirittura vitale quando si arriva al punto di rottura: uno dei principali scogli alla separazione è proprio la paura di restare soli.

Alcune persone arrivano ai cinquanta-sessant'anni senza essere mai riuscite a stare sole, se non per pochi minuti. Odiano la solitudine, la ritengono orribile in quanto si sentono abbandonate, trascurate, sconfitte. Invece cercarla, senza subirla, è fondamentale: si riprendono i contatti con la propria interiorità, senza interferenze esterne.

Purtroppo è raro che s'insegni a stare soli. Fin da piccoli la solitudine viene vista come un momento di difficoltà, una carenza di socializzazione. Invece è proprio interrompendo i contatti che si può fare crescere un mondo interiore che non si accende soltanto quando gli altri attaccano la spina. Diceva Emily Dickinson: «Mi organizzo la mia solitudine». Un bambino inizia nel modo piú semplice, quando predispone i giochi in camera: cosí riesce per la prima volta a chiudere la porta. Si costruisce un mondo, una stanza di decompressione, un luogo dove fare progetti. Se l'esperienza della solitudine è stata vissuta con serenità nell'infanzia, se i genitori hanno rispettato quel bisogno che i bambini manifestano fin da piccoli, piú difficilmente una donna, un uomo arriveranno da adulti a temere drammaticamente di essere lasciati, di fare carte false pur di avere qualcuno che tenga compagnia. E magari subire, pur di non restare soli, le peggiori umiliazioni.

La separazione non dovrebbe fare paura in quanto non significa distruzione di un rapporto, non è fare piazza pulita di una relazione, cancellare la lavagna. Una storia non si scrive con il gesso, lascia il segno sempre. Calvino, nell'ultima lettera da New York nel 1959, non si esprime piú con «Raggio di Sole», scriverà soltanto: «Cara Elsa, [...] è un grande tesoro da portare con noi, il passato, e dovremmo cercare di proiettare su di esso le luci migliori, perché ci soccorra sempre».

Anche le esperienze piú negative esprimono una parte di se stessi, eliminare il passato equivarrebbe a pretendere di vivere senza vivere, abdicando all'esistenza. Ogni pezzo di vita ha un senso, compresa la perdita. Quella persona che ci ha fatto tanto soffrire per giorni, mesi, anni è stata importante in quanto ha rappresentato in una fase della vita un tentativo cui si è dedicato del tempo.

Il distacco definisce le sensazioni provate. È il bordo di una scatola, che dall'interno non dà la misura dell'area: soltanto quando ci si va a sbattere s'inizia a capire quello che si è avuto. La perdita è come la vita, non muore mai. Non perdiamo mai davvero qualcuno: la morte non è definitiva in quanto la persona scomparsa è stata formativa, ha arricchito l'esistenza di sensibilità ed entusiasmo, ha lasciato un'eredità mentale, emotiva, vive nel ricordo.

Mio nonno è con me molte volte al giorno. Quando passo davanti a un negozio si rimonta un film come in una moviola e nella mia mente ripartono suoni, voci, odori. Ed è lí. Le mie emozioni fanno rivivere la sua presenza. Cosí come quando si vede un paesaggio che fa ricordare momenti della vita e ritornano a galla sensazioni, pensieri, persone. Anche le esperienze piú banali quando finiscono lasciano qualcosa, dànno luogo alla nostalgia. È un sentimento positivo, un segno della sensibilità di ognuno: insegna che nulla avviene per caso, nulla cessa di essere importante.

Ricordo in una piccola clinica, in un bosco della Germania centrale, quelli che sarebbero stati gli ultimi giorni di una giovane ragazza tedesca dagli occhi nocciola, fermata da un impietoso incidente, che ringraziava per quei pezzetti di ciliegia appoggiati sulle labbra rosa tenue: dopo avere sussurrato *danke schön*, riusciva anche a sorridere.

Anche le vicende che si preferirebbe dimenticare hanno segnato un tracciato. La nostalgia dà il giusto valore di quella esperienza passata, il giusto valore di ciò che si sta vivendo e che diventerà nostalgia. Ed è bellissimo lavorare per costruire una nostalgia del futuro.

Esiste una regola scomoda, ma fondamentale, per capire quale sia la ragione per cui a un certo punto una coppia si divide. Tranne le situazioni di violenze, in tutti gli altri casi le responsabilità si possono dividere al cinquanta per cento. A fronte di un «Lui» che fa il farfallone con la migliore amica della moglie, può esistere una «Lei» che ha perso la poesia, che non crede piú nella coppia, che non fa piú progetti a due. La morale è che non bisogna mai confondere la goccia che fa traboccare il vaso con le ragioni profonde di un sentimento smarrito.

Sicuramente è piú facile dare la colpa all'altro. Tuttavia è un modo di fare i conti un po' infantile che porta unicamente all'obiettivo di colpevolizzare il partner, giustificando se stessi, alleggerendo i propri sensi di colpa. Il risultato finale è un'autoassoluzione che dura poco: nel rapporto successivo la storia si ripeterà dall'inizio, in quanto non si è guardato dentro con sufficiente onestà e dunque non si è riusciti a crescere con gli errori. In questo modo lo schema degli amori falliti si riproduce all'infinito.

Il primo punto è non raccontarsi che tutto va sempre bene, facendo finta di essere vittime e non anche carnefici. Basterebbe alzarsi la mattina, guardarsi allo specchio e interrogarsi su cosa si è raggiunto in quella fase della vita. Un'operazione indispensabile di presa di contatto con se stessi, di verifica che non implica un giudizio, ma una valutazione non effimera. È rilevare il punto della rotta nel modo piú semplice e autentico possibile. Però è necessario rispondere con sincerità alle domande che ci facciamo. Si potrà ritenere, ad esempio, che in quel momento della vita non ce la si sente di proseguire in un rapporto logorato. Si potrà pensare di rimandare la comunicazione di quella notizia, lasciando passare un Natale tranquillo ripromettendosi di spiegare che il rapporto non è quello di una volta, tentando di non farsi condizionare da un genitore, dai figli, dagli amici. Certe scelte vanno prese senza condizionamenti.

A volte l'insoddisfazione è in conflitto con il mondo che ci circonda: mette a repentaglio amicizie e consuetudini consolidate e, anche se è difficile ammetterlo, beni materiali:

dalla casa al mare, ai viaggi, ai fine settimana in montagna. Il finale cui si arriva è che si preferisce proseguire nello stesso modo, meglio il quieto vivere: si arriva a dire che dopotutto non è la fine del mondo dormire separati. Si può continuare una storia anche soltanto per opportunismo: nulla di tragico, l'importante è «non raccontarsela».

Oggi vedo persone molto «ingessate» che non riescono a vivere a fondo la grande condizione di libertà che possiedono. La libertà è anche quella di superare gabbie e condizionamenti. La serenità è un valore irrinunciabile per se stessi e, in modo ancora piú strategico, per i figli. Non si tratta di egoismo: al contrario si fa del male all'altro se si rinuncia alla propria serenità, la si pagherebbe e chi sta intorno se ne accorgerebbe.

Essere liberi e consapevoli significa assumersi il dovere di dire la verità, almeno a se stessi. Serve a conoscersi meglio e a prendere meno abbagli nella vita.

Nei momenti confusi e drammatici che accompagnano una separazione, si fa sentire prepotente il bisogno di capire. Ci si domanda dove si è sbagliato, come è stato possibile non accorgersi prima dei difetti dell'altro, dei silenzi. Spesso i motivi per cui due persone si lasciano stanno nelle ragioni per cui si sono scelte. A volte lo si fa male, soprattutto da giovani: troppo influenzati da fattori esteriori, come la bellezza, i soldi, il successo. Oppure si viene condizionati dal giudizio della famiglia che ripete che con una brava ragazza non si potrà che stare bene, salvo poi scoprire che con lei non si ha niente in comune. Non si dovrebbe mai scegliere una parte ma un tutto: una storia d'amore dovrebbe basarsi sulla conoscenza. Invece di indagare sui «difetti» di una relazione, quasi fosse il meccanismo di un orologio svizzero, si dovrebbe provare a scavare nel profondo. Si scoprirebbero le diversità di ognuno, comprese le nostre. Un paio d'esempi.

Alcuni si nutrono di novità, sono curiosi, famelici: accettano di corsa l'invito che proviene da un ambiente non conosciuto, si tratti di una festa, una vacanza oppure un lavoro. Nei posti o con le persone che invece conoscono già si stancano subito e tutto diventa noioso. È un atteggiamento nevrotico che impedisce di soffermarsi e spinge a cambiare incessantemente. Sono persone che tendono a esaurire in fretta la stima di sé, per questo hanno bisogno di ricaricare in continuazione le batterie con nuovi stimoli che le facciano sentire importanti. Sono sempre disponibili, cambiano senza problemi città o ambiente per un amore e cambiano anche velocemente partner, tuttavia i loro rapporti si sciolgono presto, per noia oppure perché entrano in rotta di collisione con le esigenze dell'altro.

Altri hanno paura del cambiamento. Questa tipologia di persone è l'opposto della precedente. Si sentono a loro agio solo in ambienti ben conosciuti, accettano l'ennesima pizza con i soliti amici, piuttosto che un invito a quella festa interessante dove però non conoscono nessuno. Sono diffidenti, detestano le diversità e l'imprevisto, restano volentieri nella città in cui sono nati, spesso sono attaccati in modo morboso ai genitori e alla famiglia d'origine. Adorano andare con i piedi di piombo. In amore, infatti, tendono a essere prudenti, ma anche ad accontentarsi, per questo motivo hanno poche storie, che però vivono fino in fondo. Il rischio che corrono è di restare invischiati in situazioni dove la qualità del rapporto è bassa, di «farsi bastare» la vita.

Altri, per soffrire meno, pensano bene di abbandonare per primi. Sono i cosiddetti «anticipatori». È un vecchio trucco che, se fosse cosí semplice da mettere in atto, verrebbe utilizzato almeno dalla metà degli esseri umani. Per fortuna, la vita non concede architetture tanto prefabbricate, soluzioni cosí artificiose: quando uno è innamorato fa anche fatica a pensare quale sia la strategia giusta. Se invece fa tutti questi ragionamenti significa semplicemente che innamorato non è piú, che è diventato un «calcolatore» e questo urta con l'idea stessa dell'amore.

Tra i tanti calcoli che si possono fare in amore, esiste anche una forma di separazione molto infantile che è quella di lasciarsi nella speranza di essere subito ripresi. Penso a quante ragazze sbattono la porta per poi correre a vedere sul telefonino se sono state ricercate dal ragazzo.

Gli opposti si attraggono, si dice un po' prevedibilmente. È necessario avere gusti, abitudini, caratteri opposti per andare d'accordo, oppure funziona meglio l'esatto contrario? Penso che siamo diversi sempre, anche se cresciuti nello stesso ambiente, con le stesse abitudini: il grande cambiamento avviene nel corso della vita. Due persone che si conoscono a vent'anni, a quaranta avranno fatto un lungo percorso ed è molto improbabile che questo possa rimanere parallelo. Rare come le mosche bianche le coppie che si conoscono sui banchi del liceo e che vanno d'accordo per un'intera vita d'amore.

Il problema semmai è chiedersi quanto uno ami o detesti la diversità. Torniamo alle personalità appena descritte. Chi è attratto dai cambiamenti si alimenta di sorprese, chi teme l'ignoto preferisce le situazioni tranquille e conosciute. Nel mezzo possono esistere infinite variabili. Penso, ad esempio, a quelle donne intelligenti, magari con una carriera importante, che vivono felicemente con uomini semplici, culturalmente molto differenti da loro. Non sono poche. Tempo fa ho incontrato una nota professionista: quando mi ha presentato il compagno sono trasalito tanto sembrava distante da lei. Mi sono chiesto come potessero andare d'accordo: probabilmente si compensavano e forse, pur non legati da interessi simili, avevano un altro tipo di comunicazione, fatta non solo di sesso brutale. Quella donna trovava in quell'uomo una genuinità magari assente in habitat d'intellettuali. Forse si era «innamorata del suo amore»: un «lui» gentile, pieno di attenzioni, fedele, capace di scambi, di grandi passioni.

Sono rapporti comodi come vecchi divani: ne esistono di piú belli, di design ricercato, ma forse meno accoglienti. Metafora della vita: esistono persone piú intriganti, piú stimolanti, ma anche piú scomode. Per questo molti rinunciano, si fanno bastare l'amore «sicuro». Le persone che fanno questa scelta spesso hanno una vita sociale impegnata, sono persone di carattere, eppure probabilmente scavando nel loro passato si scopre che hanno avuto un grande amore appassionato che le ha fatte soffrire molto. Di conseguenza hanno bisogno di un'ancora, di un porto, rifugio dal mare in tempesta.

Le coppie stanno insieme per una serie infinita e misteriosa di ragioni e per ragioni altrettanto oscure si separano.

È diventato un luogo comune affermare che i ragazzi

d'oggi si mettano insieme e si lascino quasi fosse bere un bicchier d'acqua e che il matrimonio non sia piú una cosa seria. Sono commenti di grilli parlanti invidiosi perché hanno qualche lustro in piú. Non credo che i ragazzi oggi si lascino con maggiore leggerezza. Penso che abbiano la grande fortuna di vivere in un mondo in cui le opzioni sono numerose e possono scegliere di stare insieme soltanto e unicamente per amore, possibilità una volta impensabile.

Immagino che mia nonna abbia amato per tutta la vita mio nonno, tuttavia non ho la controprova. Dove sarebbe potuta andare se per caso avesse avuto quella fantasia? Da quando anche i nonni non hanno piú un tetto solo ma due, l'idea può venire e si può passare alla pratica. Capita anche agli ottuagenari dividersi. Le statistiche dimostrano che laddove il benessere economico si è sommato a un processo di evoluzione sociale per cui uomini e donne hanno le stesse opportunità di studio e di lavoro, il numero di divorzi aumenta. La libertà appena conquistata ha messo a nudo la debolezza di un legame d'amore che un tempo era amalgamato con ragioni economiche e sociali. Scopriamo che quando una coppia sta insieme soltanto per amore il legame è fragilissimo. Altro che forza dei sentimenti, impeto delle passioni! Retorica romantica.

Un tempo, quando due persone si stavano separando, si sprecavano i consigli piú banali e scontati: tutte le coppie attraversano momenti di crisi, bisogna contare almeno fino a tre, cercare di non rispondere, passerà. Oggi forse non si ha molta voglia d'impegnarsi per superare la crisi. Il problema, infatti, è un altro. Bisogna chiedersi se quel rapporto ha un senso o se è privo di autenticità. È sbagliato misurare il valore di un amore con la sua durata e ancora peggio usare come unità di misura la capacità di sopportazione. Tutto ciò è per fortuna sempre piú estraneo alla nostra cultura. Una ragazza o un ragazzo di oggi non hanno piú nessuna intenzione di sottoporsi alla condizione logorante di un'unione sbagliata.

Ai tempi delle nostre nonne la durata era sinonimo di qualità e chi non riusciva a conservare un rapporto era una poco di buono. Se invece faceva andare avanti quel ménage, anche a costo di una vita impossibile, era bravo e onesto. Si sente spesso dire che quella coppia non comunica piú, eppure il «silenzio» tra coniugi esisteva anche ai tempi di mia nonna, forse con maggiore frequenza, soltanto che allora non era sufficiente per arrivare alla rottura, si dava quasi per scontato che non si comunicasse. Adesso è diventato un difetto su cui non si è disposti a mediare.

Ci siamo liberati dall'ossessione del tempo che opprimeva l'idea del sacrificio a oltranza. Sappiamo che gli amori non si misurano con il calendario, ma con l'intensità con cui sono scelti e vissuti. Un rapporto breve e frettoloso consumato con grande voracità in una particolare fase della vita può avere aperto le porte a nuove conoscenze e alla sessualità. Un piccolo tentativo che può rappresentare una grande esperienza.

A volte un amore importante finisce precocemente per una morte drammatica. Una donna mi raccontava della passione meravigliosa per il marito morto di una malattia fulminante quando era ancora molto giovane. A distanza di tanti anni, quel ricordo era vivissimo nella memoria, il marito occupava un posto fondamentale, a prescindere dalla durata del matrimonio.

E se non conta la durata, la quantità ancora meno. Qualcuno può dire di avere avuto cento donne: «Tante donne, nessuna donna», dicevano i vecchi. È impossibile che tutte siano state importanti. Forse quelle che contano davvero sono solo tre e probabilmente non sono state neppure le relazioni piú durature.

Le coppie che scoppiano rappresentano un fenomeno evidente, tuttavia esistono anche quelle che non scoppiano e resistono nonostante tutto. Dei separati in casa si sente dire che abbiano trovato un diverso equilibrio. Spesso sono coppie morte, in cui l'amore è finito non per esplosione ma per implosione. Le coppie che esplodono, invece, sono piú spesso le coppie piú giovani che si mettono insieme per amore ma che non si conoscono veramente. E di fronte alla prima crisi seria il rapporto salta. Grandi litigi, guerra senza esclusione di colpi. Battaglie a suon di raccomandate degli avvocati.

Dei due tipi di personalità descritti in precedenza, quello che ama i cambiamenti corre piú facilmente il rischio di esplodere. Le coppie che implodono, spesso anche quando il rapporto è finito e non si amano piú, stanno insieme ugualmente. Accade per tanti motivi: la convenienza, la paura della solitudine, la pigrizia, i figli. Sono coppie meno giovani a vivere questa situazione, quelle che motivano l'inerzia con la difficoltà a rimettersi in gioco.

Nelle situazioni peggiori viene messa in atto la guerra fredda, costituita da musi, ripicche, lamentele, fuoco che cova sotto la cenere. Le personalità che non amano i cambiamenti sono facilmente destinate a questo tipo di rottura.

Uno dei fattori che piú frequentemente influenzano una separazione riguarda il calo d'attrazione fisica. Sicuramente il sesso è importante a tutte le età, tuttavia può capitare, in alcuni periodi della vita, di non avere un grande desiderio e ciò può essere del tutto normale: significa che si sta stemperando una delle declinazioni dell'amore, quella piú carnale, ma non è detto che ciò implichi per forza la fine della coppia. Spesso la mancanza di desiderio coglie di sorpresa: «lui» è incredulo di fronte al fatto che lo slancio della passione non sia piú primario nei pensieri come un tempo, «lei» non si capacita che dopo notti indimenticabili si possa dormire accanto come fratelli.

In ogni caso occorre ribadire una volta ancora che non esistono «ragioni specifiche» che portano necessariamente alla separazione: non si parla di matematica o chimica, non vi sono relazioni di causa ed effetto. Nemmeno in questo caso bisogna farsi condizionare dalla mentalità corrente: i modelli che classificano frigido chi non si sente piú attratto dal sesso sono spesso superficiali. Non si può pensare di essere sempre la stessa persona, perché ci si deve sentire in colpa e non pensare semplicemente che ci sono cambiamenti di vita?

Spesso ciò che porta una coppia a separarsi è il «terzo incomodo», quando cioè uno dei partner s'innamora o s'invaghisce di un'altra persona.

Premetto che non credo nella bigamia. Sono convinto che finché si ama non si può essere bigami, l'amore vero è impermeabile al nemico. Quando si è innamorati si è innamorati, cercare altro è sintomo che qualcosa si è incrinato.

Degli uomini si dice che dopo un po' abbiano bisogno di cambiare, in preda a una sorta d'inguaribile malattia. È una visione molto adolescenziale dell'amore, anche se frequente. Se si guarda oltre la siepe significa che c'è qualcosa che precede la nuova infatuazione, che lo spazio interno non è piú sufficiente, non emoziona piú. La relazione si è impoverita. E allora occorre tornare allo specchio e chiedersi quale sia la ragione per cui si pensa a qualcun altro, per la quale una persona tranquilla scopre strane fantasie, voglie, decide di cambiare look, d'iscriversi in palestra.

Tutto fa parte della vita che ogni tanto prevede che il mare da bonaccia s'increspi e diventi tempesta: è un modo per rimettersi in gioco, scoprire sensazioni diverse, un'apertura al mondo. Lo specchio impone una verifica con se stessi, capire il cambiamento, chiedersi se il nuovo sentimento è innamoramento vero o se è dovuto al fatto che il partner non basti piú e se è dunque consentito guardarsi intorno.

Il diritto di famiglia ha subito una profonda riforma con la legge del maggio 1975. Nel Codice civile del 1942 le condizioni economiche della moglie non avevano rilevanza. I rapporti patrimoniali tra coniugi, in assenza di convenzioni matrimoniali, si svolgevano in regime di separazione dei beni. Anche la nuova normativa prevede che i coniugi possano optare per questa scelta, stabilendo che ognuno conservi la titolarità esclusiva dei propri beni. In mancanza di accordo oppure di diversa convenzione, si applica il regime della comunione. Coloro che non desiderano assoggettarsi a queste disposizioni, scelgono di convivere. Le unioni di fatto, pur potendo usufruire delle opportunità contrattuali accessibili a tutti, incorrono, soprattutto, in differenze relative alla privacy. In un ricovero ospedaliero, ad esempio, non sarà possibile essere informati sulle condizioni di salute del convivente oppure del fidanzato. Questa premessa è spunto di riflessione sul concetto di matrimonio e sulle scelte che il legislatore si è posto nel corso degli anni.

Un vincolo d'amore è unione di anime e di intenti. È progettualità, condivisione, disponibilità a dare la propria vita per l'altro. È offrire i propri talenti e le proprie ricchezze all'altro. E viceversa.

Già nel Codice civile del 1942 i coniugi non erano obbligati a convivere se non andavano d'accordo. La grande novità delle leggi successive è stata l'introduzione della possibilità di rifarsi una nuova vita sentimentale, di potersi risposare. Il triennio che intercorre tra la separazione legale e il divorzio è stato pensato come un periodo di meditazione per evitare che, sull'onda emotiva di passioni passeggere, si sciolgano definitivamente matrimoni che stanno magari solamente manifestando l'incapacità di far fronte a una diversa difficoltà. Non è infatti il tubetto del dentifricio a fare prendere decisioni definitive, ma il non aver saputo dare il nome giusto a quel rapporto, non aver ammesso con se stessi che non s'inventa un sentimento, non si sciupa il miracolo di un amore reciproco male accudito. Tuttavia gli studi legali brulicano di persone deboli, spesso telecomandate dai nuovi partner.

Se si perde in amore esiste un modo per non perdersi con se stessi, gli accanimenti che feriscono profondamente non portano ritorni ma servono solo a far emergere il sadismo nascosto in ognuno. «Anche al piú duro inverno segue una dolce primavera», si diceva un tempo: un'ovvietà che per essere messa in pratica ha bisogno di un coraggio che non tutti possiedono.

Il matrimonio è il supremo tributo a un'unione d'amore, ma implica anche l'esercizio di comprensione e adattamento all'altro, ovvero alla sua diversa individualità. È necessario accettare il limite delle differenti personalità e non pretendere di trasformare il matrimonio a proprio piacimento come un blocco di plastilina.

Le unioni d'amore vero hanno radici forti, sono costruite fin dal primo mattone, concepito per poter dare vita a fondamenta profonde, per realizzare un progetto.

Nonostante siano passati piú di trent'anni dalla legge sul divorzio e si siano fatti enormi passi avanti, assistiamo ancora quotidianamente a fatti da cronaca di orrori, dove irrompe la violenza bruta, omicidi e suicidi: si tratta dei colpi di coda di una cultura maschile che non si arrende all'evidenza. Eppure, perfino i maltrattamenti in famiglia possono portare a una rinascita della dignità della donna se è capace di dignità.

Al divorzio si giunge quando la perdita di fiducia – un veleno estremamente lento, ma letale – ha azzerato l'affetto. Tuttavia non sempre essa implica la scoperta di amanti o di preservativi nella borsa da lavoro, di frottole, di alberghi prenotati con la segretaria nella camera accanto: a volte è lo scivolar via di quello sguardo sincero che ci aveva fatto innamorare, come se tutto perdesse progressivamente luminosità e diventasse scontato come una spesa all'Ipercoop.

Per fortuna vi sono tanti modi di far finire un amore, tanti quante sono le gocce di una cascata. Un silenzio è molto piú insinuante e inesorabile delle parole, di ore di alterchi. È ancora piú difficile da riconoscere proprio perché alcuni legami sono nutriti di sadismo, intrecciati di perversione: sono sorretti dalla regola che ciascuno deve far pagare all'altro qualcosa che non è sempre facile da nominare. Proprio quel male affascina, attrae in maniera piú forte del bene e unisce.

In questi casi non è necessario aspettare la catastrofe, il bombardamento atomico. Ci si può fermare prima, facendo attenzione ai campanelli d'allarme. Può essere il venir meno della passione, della voglia di progettare in comune, del desiderio e la necessità di essere complici anche nelle piccolezze. E soprattutto riuscire a dimostrare a se stessi di essere capaci di sottrarsi alla fascinazione del male, del «dark» come direbbe certa cultura giovanile.

Quando una coppia si separa deve pensare ai figli che guardano: quello il metro di giudizio. Hanno antenne molto piú sofisticate delle nostre e non sbagliano mai. Sanno che se un uomo sta con una donna è per piacere e non per rassegnazione. Sanno che sull'omissione sarebbe sconsigliabile non sorvolare anche quando rappresenta un piccolo iniziale indizio di disaffezione: se sfogliando una rivista non passa neanche per l'anticamera del cervello di cercare un viaggio *last minute* per Parigi per fare finalmente una vacanza romantica o se semplicemente non si pensa di portare i bambini dai nonni per stare davanti al camino un pomeriggio intero a due, allora è necessario fermarsi a pensare. E i figli hanno già registrato il cambiamento di clima famigliare, si aspettano reazioni vere, non mortificazioni.

Le difficoltà non sono sinonimo di crisi. Jacques Brel cantava: «Non mi lasciare, inventerò parole senza senso che capirai, ti parlerò di quegli amanti che hanno visto i loro cuori infiammarsi due volte, ti racconterò la storia di quel re morto per non averti potuto conoscere». Non è detto che ai primi sintomi di una crisi si debba partire lancia in resta con l'idea di spaccare tutto: di solito sono gladiatori infantili che riescono ad amare solo attraverso la dimensione iconoclastica.

«Lui» ha dei problemi di lavoro, è stressato, si fa cento chilometri al giorno sulla tangenziale, è prosciugato. «Lei» è nervosa a causa della mamma che si è ammalata e che deve essere accompagnata alle visite, il piccolo la tiene ancora sveglia di notte e in ufficio non può prendere neanche un giorno di permesso. Oggi la coppia (che ha una struttura molto piú debole anche quantitativamente) è chiamata ad affrontare mille grandi responsabilità, le pressioni sono enormi. Nei momenti difficili fa parte della maturità di una donna o di un uomo dirsi che la temperanza è la qualità dei migliori.

Stabilito, quindi, che un rapporto non si straccia come un foglio di carta soprattutto in presenza dei figli, bisogna avere ben presente che le verifiche devono avere un inizio e una fine, altrimenti sono prese in giro. Arriva sempre il momento – quando il primo tentativo è stato fatto e il secondo pure, visto che la situazione non cambia, anzi peggiora – di affrontare l'argomento finale. Sarà banale, sarà scontato e anche doloroso, tuttavia il primo impegno da osservare, quando si ha la sensazione che la relazione scricchioli, è parlare con il partner. Non si deve presumere che l'altro capisca da sé: nelle coppie, spesso, esiste il sordo che non vuol sentire. A volte invece raccontare aneddoti non aiuta, è bene sapere che esiste il momento in cui la comunicazione non serve ed è meglio stare zitti.

Comunicare è un gesto d'amore, un riconoscere che l'una ha il diritto di sapere e l'altro ha il dovere di dire.

Spesso non si parla per timore delle reazioni. Eppure si ferisce di piú con l'omissione, l'indifferenza: espressioni della forma del piú terribile disprezzo.

Il contenuto, le modalità del discorso non hanno regole: bisogna esprimersi come si parlasse di qualsiasi altra cosa della vita. Se un consiglio si può dare, è quello di avere tatto, di andare per gradi, di non pretendere che l'interlocutore abituale capisca tutto subito. Per questi motivi, molti decidono di affrontare un chiarimento a puntate: non si tratta necessariamente d'ipocrisia, può essere utile incominciare con un discorso piú generale per poi entrare nel vivo della questione, con grazia e rispetto dell'interlocutore. Possedere sensibilità è fondamentale, implica empatia. È importante rispettarsi negli addii tanto quanto si è saputo farlo nella passione. Invece, di solito si dà fondo al repertorio peggiore, si tende a scaricare tutto, si pronunciano frasi taciute per anni. Di fronte alla scena finale molti ritengono che sia lecito potersi togliere tutti i sassolini dalle scarpe. Ferite inutili che si possono evitare.

Nelle discussioni tra coniugi in crisi si dovrebbe tenere conto che i bambini, con le antenne sensibilissime che posseggono, captano che qualcosa non va, diventano osservatori impotenti delle urla dei genitori. Non mi si dica che è difficile evitare che i figli ascoltino. Si prende una baby-sitter, si esce a mangiare e si affrontano i problemi. Oppure si può andare in aperta campagna e urlarsi tutto. Invece piú spesso avviene l'esatto opposto, quasi con un gusto perverso di volere che anche loro – gli innocenti – si macchino d'infamia.

Tergiversare, prendere tempo è da pavidi, lascia tutto come prima, compresi gli errori. Rimandare per aspettare il momento propizio diventa un alibi, utile per non ammettere con se stessi che non si ha il coraggio di fare quel passo. Anche il confronto con gli altri può essere utile (anche se poi davanti a certe decisioni siamo tutti soli). Parlo, ovviamente, degli amici veri, di quelli storici, non certo di persone appena conosciute. In generale conviene lasciare fuori i parenti, per non complicare le situazioni: direbbero solo cose prevedibili.

Dirsi addio è comunicazione intima, delicata. Meno persone vengono coinvolte, meglio è. A volte si legge su qualche rotocalco che una coppia decide di lasciarsi via fax o con una conferenza stampa: il mondo del gossip è avvezzo ormai a qualsiasi forma di degrado morale ed etico, l'importante per molta gente è vendere maldicenze, sbandierarle ai quattro venti, cosí milioni di poveri borghesi si possono cibare di quel «mal comune mezzo gaudio» per stabilire che anche gli dèi sono mortali, anzi peggiori di noi. È diventata una moda l'invasione dell'intimità, occorrerebbe uno sciopero generale dei lettori e dei telespettatori contro la volgarità del gossip, ma temo che non camperò abbastanza per vederlo.

Qualcuno crede che la violenza aiuti a separarsi meglio, ritiene che il colpo di grazia renda tutto piú facile. Non si è in una Corte marziale, nessuno si deve sentire nel ruolo del giudice, il colpo alla nuca non ha nulla a che fare con un sentimento che comunque c'è stato, solo i sadici ne sono capaci. Può capitare di ferire, anche profondamente, una persona, ma è necessario tenere presente che un amore può finire, non la vita: entrambi i partner devono trovare la forza e la voglia di ricominciarla.

Anche quando si è intimamente convinti che la decisione di separarsi sia giusta, trovare la forza per fare il grande salto non è da tutti (e qui non c'entrano né la cultura, né il potere sociale né quello economico). Si pensa all'incognita del dopo, si teme che potrà essere peggio, che si diventerà ancora piú tristi e poi chi sarà a occuparsi delle bollette, del conto in banca, delle vacanze, della scuola? Le conseguenze pratiche sono spesso quelle che frenano di piú. Si entra in un tunnel e anche il cielo diventa scuro. Eppure in questi momenti possono accadere cose inaspettate: si scopre la solidarietà, si trovano soluzioni, sembra una magia ma spesso accade proprio cosí. Rita Levi Montalcini ha detto: «Guarda la luce e l'ombra ti cadrà alle spalle».
Basta guardarci attorno con meno arroganza: amici che si rivelano piú solidali di quello che non si pensasse, persone estranee che aiutano, paure che si dissolvono. Esiste anche una bellezza della separazione, un risorgimento, un prendere aria.

Piú spesso però la separazione porta con sé il senso della sconfitta, la sensazione di avere sbagliato ancora, di non avere capito, di avere commesso un ulteriore, imperdonabile errore. Spesso il dolore della separazione non riguarda la perdita della persona amata, ma l'arrivare alla conclusione che ci siamo traditi, che le nostre capacità di discernimento sono ancora lacunose, che non siamo cresciuti. Eppure il fallimento piú grande è costituito dal perseverare, incapaci di saltar fuori da un pantano che forse non è arrivato alla gola.

In altre parole la separazione mette l'individuo di fronte a una doppia declinazione della disistima: l'evidenza della carente capacità di scelta e l'impossibilità di uscire da una situazione tanto privata di senso quanto vischiosa.

Governare una separazione è una grande palestra di vita. Ecco perché è necessario insegnare ai ragazzi ad affrontare e gestire il distacco da un primo flirt. Si tratta di un passo in cui ci si confronta con la frustrazione e l'umiltà, quello che gli inglesi chiamano *copying mechanism*, ovvero la forza psichica necessaria per far fronte agli eventi della vita. L'amore non lo può pretendere, occorre imparare a meritarselo.

Alla figlia che chiedeva conforto nell'ora dell'infelicità, una signora diceva di non sapere cosa dire di separazioni in quanto non aveva avuto la stessa esperienza: sarebbe bastata una carezza. Sapere ascoltare il proprio cuore è un esercizio in cui i figli possono essere accompagnati. Viene spontaneo spaventarsi e scappare ai primi brividi. Gli adulti possono indicare la strada. Di fronte a un primo flirt non corrisposto, un padre può ascoltare, confortare, spiegare che il pianto è naturale. È necessario non perdere la poesia per aiutare i ragazzi ad assaporare la nascita o la fine di un legame. È necessario sapersi accorgere che al nome di ogni creatura corrisponde un modo di essere e di amare differente. Mettere luce nei sogni dei ragazzi, ponendosi in sintonia con un autentico modo di sentire, è compito fondamentale degli adulti. Poi, quando sarà arrivato il giorno, i genitori si troveranno a dover, come insegna un adagio francese, «scuotere il ramo affinché i passerotti volino con le proprie ali».

Affrontare il confronto sull'eventualità di un distacco senza ritorno e portare a casa qualche risultato, anche soltanto per essere stati capaci di parlare, non è da poco. Sedersi sul divano chiedendo al partner di astenersi dall'uscire per quella sera, può rappresentare l'inizio di un civile e rispettoso allontanamento. Forse costituisce anche una prima pietra della stima di sé: «Sono riuscito ad affrontare l'argomento dopo che da mesi rimandavo». Quella sera andrà a dormire con l'angoscia, sottosopra per aver dovuto affrontare il partner, ma anche piú forte. Se invece quella sera, per l'ennesima volta, ognuno va per la sua strada e non si arriva a un chiarimento, non si potrà che ripetere a se stessi di essere incapaci di farci ascoltare. L'autostima non si costruisce con feste e bei vestiti ma nei momenti difficili della vita.

La separazione è dramma, tristezza, malinconia, ma anche necessità, dovere morale. Se si perde il rispetto per se stessi, si perde la dignità: parola che non s'impara a scuola né sui libri, ma sulla propria pelle. Se, ad esempio, a un ragazzo capitasse di vedere che la madre, noncurante delle difficoltà, con le valigie fuori della porta, è determinata a non restare un minuto di piú in un posto dove la dignità viene calpestata, si farebbe forza di quell'esperienza per il resto della vita.

Dignità è una parola chiave nei rapporti affettivi, fondamentale ma, a volte, ignota a molti che forse non hanno visto nessuna persona dignitosa nel corso della loro vita:

un padre assente, una madre che ha sopportato in silenzio con rassegnazione qualsiasi sopruso. Persone cresciute senza mai pronunciare questa parola, termine lasciato fuori dal vocabolario perché troppo costoso e impegnativo. Per avere dignità occorre essere generosi con se stessi, bisogna spendere tanto per la conquistarla. Forse non è molto dignitosa la signora che esce dall'aula del tribunale con gli assegni dell'ex marito industriale: il «risarcimento» per essergli stata accanto. Mentre lo è chi rinuncia a tutto, si rimbocca le maniche, felice e orgogliosa di riuscire a farcela da sola senza quegli «sporchi» denari. Un insegnamento etico che dobbiamo trasmettere prima di tutto ai figli, che quando arriveranno a vivere situazioni simili, difficilmente dimenticheranno.

Chi si prende la responsabilità di pronunciare un giorno la parola fine rischia di tormentarsi con i sensi di colpa: teme di aver mandato in frantumi una famiglia, di aver turbato per sempre un equilibrio. Per decenni è stato un sacrilegio convivere con un innato senso del dovere secondo il quale esiste una ragione superiore per mantenere in vita il matrimonio, ovvero la sopravvivenza della specie. Questo atavico senso di responsabilità, ancora attuale, pesa sulle coscienze, blocca la ragione di tante donne che non riescono a lasciare mariti violenti e di tanti uomini che non sono in grado di separarsi da mogli indegne. Comportamenti che non hanno piú ragione di esistere.

Non voglio dire che la separazione rappresenti un invito a fare allegramente i propri comodi, ma che oggi si hanno maggiori libertà, compresa quella di vivere la vita pienamente, che a ben vedere è una bella responsabilità.

Come se non bastasse, spesso si avvertono anche i sensi di colpa nei confronti del partner che si fa fatica a lasciare in quanto si teme di fargli del male: per il quale si coniuga spesso l'epiteto «poverino» o «poverina». Un rapporto, anche quello che sta per finire, deve basarsi sul rispetto, non sui sensi di colpa, l'idea di essere sopportati, di sapere che una persona sta con qualcuno non per scelta ma per pena, è squallido. A meno che i sensi di colpa non siano delle scuse raccontate quando – non essendo capaci di lasciare quella persona – diventa comodo «salvare» il rapporto con un po' di buona carità cristiana.

Quando ci si separa senza che vi siano bambini di mezzo, ma solo adulti consapevoli, tutto è lecito. Ci si assume le proprie responsabilità e si chiude il rapporto.

In presenza dei figli, invece, la situazione cambia dal giorno alla notte, inevitabilmente. Tuttavia affermare di non potersi separare per i bambini rappresenta una delle piú grandi ipocrisie che si possa raccontare. Se si volesse fare seriamente il bene dei figli, ci si dovrebbe domandare se davvero quel bambino stia crescendo serenamente in quell'ambiente famigliare. In realtà i messaggi che arrivano dalla mamma e dal papà sono spesso inequivocabili: l'indifferenza sottile, il non prendersi piú per mano, il modo freddo, a volte spocchioso, sarcastico, irritante di rivolgersi la parola. Tutto assolutamente tossico per i figli. Il danno, come ho piú volte cercato di dire, è che questa atmosfera famigliare diventa materia di crescita per un bambino: impara che l'amore è quello. Gli adulti sanno bene che non lo è: non si può utilizzare un termine nobile per un atteggiamento tanto volgare. I bambini invece assorbono questi comportamenti decodificandoli come affetto. Tante volte quando si chiede a un adolescente quando sia stata l'ultima volta che ha visto il padre e la madre darsi un bacio, risponde: «Boh!»

Quel genitore, invece, sostiene che sia meglio l'indifferenza al dolore della separazione. Tuttavia, la conseguenza della non separazione porta a implodere. Conosco infinite storie di donne mature che mi descrivono la madre, ora anziana, che ha passato l'intero arco della vita a recriminare, senza mai aver coraggio di cambiare una virgola della propria vita. Certamente le condizioni oggettive, di mancanza d'indipendenza economica, di libertà, impedivano alle generazioni precedenti di separarsi: dunque quel cronico lamento poteva essere giustificabile. Oggi però, nella stragrande maggioranza dei casi, si assiste a realtà differenti. Il malcontento diventa un modo di essere, la risposta all'incapacità cronica di affrontare la vita. Si afferma di non avere voglia di impegnarsi in un cambiamento, lasciando lo *status quo antea*, la situazione di fatto preesistente, aggravato dalle lamentele.

Mi chiedo come non pensare che quel continuo lagnarsi notte e giorno non abbia nessuna ricaduta sull'umore di chi cresce. Non è presunzione? Un bambino non può difendere se stesso. Deve sopportare, anzi è portato a pensare che mamma e mestizia siano un tutt'uno.

La separazione, di per sé, non è una ferita. È un lavoro che necessita spiegazioni, per non lasciare dubbi nella mente di un bambino. Va commentata e chiarita, con pazienza, con un linguaggio adatto all'infanzia.

La comunicazione della separazione va diluita un po' alla volta, con i tempi necessari, senza la fretta di alleggerirsi la coscienza. Sicuramente soffrirà. Il patimento è inversamente proporzionale alla comprensione. Quanto meno si comprende, quanto piú è confusa una situazione, tanto piú si soffre. Quanto piú è chiara tanto meno, alla lunga, si starà male.

È importante che ognuno dei partner si senta libero di dare le proprie spiegazioni: la mamma dà la propria versione dei fatti, spiegando che successivamente il papà esporrà gli avvenimenti con un diverso punto di vista. La speranza è che l'esposizione dei fatti sia priva di disprezzo, di insulti e delle miserie che invece spesso scivolano dentro.

Tutti gli ausili esterni alla coppia – il sessuologo, il prete, il maestro zen, lo psicoterapeuta – possono essere utili. È però necessario tenere presente che la terapia non serve né per separarsi né per ricomporsi, ma per conoscere se stessi e per affrontare meglio i problemi all'interno della famiglia, figli compresi. Per questi motivi bisogna ricorrere alla terapia di coppia al primo scricchiolio, non quando è già venuta giú la casa. A quel punto è troppo tardi e si possono soltanto rimettere insieme i cocci dell'uno o dell'altro partner, individualmente.

A volte le coppie vengono da me sapendo già che si separeranno e aspettano una sorta di «benedizione» a fronte della quale le ragioni dell'una da paturnie si trasformano in certezza inattaccabile. Nello studio di uno psicoterapeuta si affrontano aspetti che nel soggiorno di casa, a tu per tu con il partner, non si riescono a dire.

Se lasciare un uomo, una donna, è difficile e delicato e richiede tempo, questo tempo con i figli si allunga enormemente in quanto alcune domande vengono riproposte a distanza magari di anni. Non sono pochi i figli di genitori separati che hanno vissuto sempre con la mamma e che a un certo punto, quando sono quasi adulti, rivalutano il padre in quanto rivedono alcune griglie interpretative utilizzate ai tempi della separazione dei genitori per poi porre alla madre domande imbarazzanti. È normale e naturale che sia cosí. Anzi, bisogna aspettarsi simili prese di coscienza, in quanto con i figli non si bluffa. Una ragione in piú per essere corretti con loro e con se stessi.

Uno dei motivi fondamentali per cui insisto su quanto sia importante dividersi se non si va d'accordo, è che i figli riescono a stabilire relazioni molto piú chiare con i genitori separati piuttosto che con quelli che litigano in continuazione. Se i genitori non si dividono difficilmente i figli riusciranno a conoscere entrambi fino in fondo, a causa dei silenzi che incominciano a riprodursi all'infinito cui segue il non detto, l'ambiguità. Accade in quanto i due partner non sono liberi e non sono piú né coniugi, né amanti, né compagni. Sono a metà di un guado e i figli non percepiscono chi siano: vedono degli attori costretti a recitare una parte non autentica. È uno degli argomenti caldi della separazione, uno degli elementi di conflitto piú spaventosi, in cui si è capaci di dare il peggio.

Per questo motivo, il mio consiglio è di mettere in comune meno beni materiali possibile. Ritengo sia meglio non per cinismo, per egoismo oppure per mancanza di fiducia, ma perché quando il rapporto non va piú bene, fatalmente si precipita ancor di piú se entra in campo il denaro. Se la crisi fosse solo di sentimenti, spesso si risolverebbe da sola, ma quando dal sentimento si passa alla casa al mare, il gioco si fa pesante. Si sentirà dire che l'apparenza inganna, che dietro la maschera si rivela una persona gretta, attaccata soltanto ai soldi, uno spulciare scontrini, ricevute fiscali, fatture anche del conto del veterinario.

In generale, comunque, penso che fin dall'inizio di una relazione si dovrebbero tenere i conti separati: i soldi diventano un fattore di destabilizzazione anche nel rapporto piú armonioso. Non siamo piú nell'Ottocento e il matrimonio non è piú un contratto sociale che aiuta due persone a non morir di fame: è quello che abbiamo sempre detto che avrebbe dovuto essere e non è mai stato, un'unione di sentimenti, di anime, di intenti.

Diceva uno slogan del Sessantotto parigino: «Le barricate chiudono la strada ma aprono la via». La separazione è cosí: una barricata che chiude una strada – quella del rapporto – ma che può aprire la via della comprensione di sé. Tante persone arrivano alla scelta del partner sull'onda emotiva, passionale, storie iniziate nell'assoluta immaturità quando si è troppo giovani, non si conosce se stessi e non si conosce l'altro. Anche per questo tante unioni, dopo un po', si spengono.

Affrontando una separazione, per quanto sofferta, molte persone riescono a maturare piú di quanto non sarebbe successo se avessero accettato supinamente un rapporto che le rendeva infelici. Dirsi addio è una sconfitta, nessuno lo nega, ma è proprio attraverso quella sconfitta che si può costruire un futuro. Accettare di separarsi, porre rimedio a una situazione insostenibile è diventare anche liberi di scegliere una diversa persona, sapendo di potersi anche sposare. Una possibilità recente in Italia, accaduta appena qualche ora fa nella storia millenaria della nostra civiltà. Non voglio certo incoraggiare percorsi cosí dolorosi, tuttavia penso che questa esperienza possa far crescere nella consapevolezza. E questa è sicuramente una garanzia per il futuro di tutti.

Anni fa, al termine di un incontro pubblico, mi avvicinò una donna: voleva raccontarmi un fatto avvenuto quando aveva poco piú di diciott'anni. Aveva appena lasciato il fidanzato, in famiglia non avevano capito, l'aria in casa era opprimente, si sentiva terribilmente sola. Era convinta che non sarebbe riuscita a proseguire oltre e ogni mattina si svegliava angustiata da pensieri di morte. Aveva cercato disperatamente aiuto in un prete, ma anche quel tentativo era fallito. Ogni giorno di piú si persuadeva di dover staccare la spina. Aveva anche pensato alle modalità: avrebbe preso una stanza d'albergo in un luogo lontano da quello in cui era cresciuta, si sarebbe procurata degli psicofarmaci, un paio di bottiglie di whisky e avrebbe portato a termine l'insano gesto.

Era estate, aveva scelto l'albergo in una grande città. La raggiunse in automobile ma, non essendoci mai andata e avendo preso da poco la patente, non riuscí a orientarsi. Vagò per un tempo infinito per le strade deserte, finché giunse in una grande piazza con una chiesa. Parcheggiò e, mossa da un misterioso impulso, entrò nella navata dove le ombre si confondevano al silenzio. In fondo un frate era raccolto in preghiera. Gli si avvicinò e lui le fece segno di accomodarsi. Lei accolse l'invito, si sedette accanto al religioso e, come un fiume in piena, incominciò a raccontare delle pene patite, di come desiderasse morire, dell'estremo dissennato rimedio progettato. Non smise mai di parlare se non quando il frate, stringendole forte il braccio, l'invitò a sederglisi di fronte dicendole che se non avesse visto i movimenti delle labbra non avrebbe potuto capire: era completamente sordo.

In quella circostanza surreale e meravigliosa, l'unica persona alla quale la ragazza aveva raccontato la sua sofferenza era anche l'unica che non poteva sentire. Trovò poi l'albergo, vi dormí due giorni e due notti, tra alti e bassi riprese a vivere.

Quel frate sordo le aveva insegnato che si può parlare di sé, della propria vita, ovvero dell'amore e che per farlo bisogna innanzitutto imparare a parlare a se stessi. Parlarsi significa anche ascoltarsi, prendersi cura di quello che si prova, delle emozioni, dei sentimenti. Dare valore alla vita.

Oggi viviamo nell'èra della comunicazione, siamo continuamente inondati di parole. Telefonini, computer, tecnologie sempre piú sofisticate permettono di dialogare in tempo reale anche con chi si trova dall'altra parte del mondo.

Si tratta di scambi di informazioni, di «comunicazioni di servizio» come quelle dei centri commerciali che invitano a spostare un'utilitaria o a non farsi sfuggire le offerte speciali al reparto pescheria. Allo stesso modo si domanda al partner se ha pagato la rata del mutuo o se può andare l'indomani a prendere il figlio a scuola. Si sono scambiate informazioni, null'altro. Uno scambio freddo, anaffettivo che lascia un vuoto interiore.

Che significa «parlare»? La comunicazione è uno scambio emotivo che coinvolge tutti i sensi, significa prestare attenzione non solo alle parole, ma anche al tono della voce, alla mimica facciale, all'espressione corporea: ovvero alla comunicazione non verbale nella quale gli occhi non vedono, guardano. Trasmettersi emozioni, non solo informazioni, è raro. Quante persone, milioni forse, hanno constatato con grande dolore l'inconsistenza emotiva del proprio partner, magari scelto in quanto brava persona, indefesso lavoratore, ma che non sa dire nulla che non riguardi le cose materiali?

Eppure, si avverte un cambiamento. Le emozioni, che non si trovano piú nella comunicazione-informazione, vengono cercate altrove. È indicativo il recente interesse per le medicine alternative: un paradosso nell'odierna cultura scientifica e iperrazionale. La necessità di relazioni che passano attraverso il linguaggio del corpo, il contatto fisico, un ascolto maggiore da parte del medico, dimostrano che la tecnologia non è piú sufficiente. È la stessa ragione per cui molti sono attratti da filosofie o da religioni riscoperte recentemente: la pratica buddhista, ad esempio, prevede una comunicazione per piccoli gruppi, molti vi trovano quello che nella religione tradizionale va sempre piú scomparendo.

Alcuni programmi televisivi non hanno dato certo un grande contributo in termini di comunicazione empatica, danneggiando il contatto emotivo, rendendo passivi, obbligando al silenzio. Non chiedendo un intervento diretto, la Tv illude di poter essere utilizzata alla stregua di qualsiasi elettrodomestico quando invece è lo spettatore a essere utilizzato.

È il paradosso della «comunicazione afasica». Sempre piú spesso nei ristoranti appaiono televisori che rendono terribilmente silenziose le cene di coppie e d'intere famiglie che continuano a fare quello che fanno a casa: stessa partita di calcio, stessa soap-opera. L'obiettivo è evitare di parlarsi.

Una delle domande piú rare è «Come stai?» Nel senso che è diventata retorica, la si fa senza aspettarsi una risposta reale.
Fino a ieri il problema della sopravvivenza era pressante, si avvertiva prima di tutto la necessità di sapere se una persona avesse il necessario per vivere: per mia nonna era strategico sapere che la sua vicina di casa avesse un pacco di sale grosso in piú. Ora che lo abbiamo tutti in cucina quella comunicazione è diventata superflua e con essa il suo contenuto relazionale.
Il «come stai?» è sparito come il «cosa ti serve?»: tutti illusi di non necessitare piú di nulla. Invece, sapere che una persona è emotivamente vicina, che si preoccupa di noi, ci cambierebbe molto la vita. Paradossalmente capita solo in relazione a una catastrofe: ricordate le file di ragazzi che si passavano i libri pieni di fango durante l'alluvione di Firenze?

Provate a osservare una coppia, una sera qualunque al ristorante: otto volte su dieci aprono bocca soltanto per ordinare. Poi il silenzio e il sipario si richiude.
Parlare dei propri sentimenti non è facile. Spesso si avverte disagio. Eppure, ultimamente, si assiste a una volgarizzazione della sfera intima. Un modo che prevede di dare in pasto a tutti le vicende piú personali. Basta accendere il televisore per imbattersi in sfoghi fatti di lacrime, disperazioni, gelosie, tradimenti, dichiarazioni ed esternazioni in diretta (tutto falso ovviamente). Forse si

dovrebbe tornare un po' all'antica, non divulgare facilmente i sentimenti piú profondi. Una signora francese centenaria e trisnonna diceva alle nipotine: «La vita vera accade all'interno».

L'intimità non è riciclabile, è una comunicazione che avviene in quel determinato momento, quando si avverte la comprensione, l'essere capiti. Tuttavia è anche giusto ribellarsi a una certa cultura che prevede che le emozioni debbano essere sempre controllate: che non bisogna piangere né ridere troppo e nemmeno essere eccessivamente tristi. Una sorta di comandamento per una vita algida, incolore, dove regna una parola psicologicamente incomprensibile: «normalità».

Quante persone si vergognano, ancora oggi, di essere malinconiche anche di fronte a un avvenimento doloroso? Ricordo una mamma che era stata convocata dalle maestre della figlia, in quanto la bambina aveva bruscamente cambiato il proprio umore. Alla domanda se fosse accaduto qualcosa in casa, la madre ammise di attraversare un brutto momento: le era morto il padre e piangeva spesso. Le insegnanti, per tutta risposta, le consigliarono di controllare le sue lacrime. Quella bambina crescerà con l'idea che i sentimenti debbano essere tenuti a bada, dunque li temerà.

La comunicazione amorosa è emotiva per eccellenza, serve a prendere confidenza con i sentimenti. Familiarizzare con il parlare d'amore è diverso che avere nel proprio vocabolario tre o trenta espressioni che indicano affetto e tenerezza.

Quante donne e uomini leggono poesie e hanno vicino un partner grezzo a cui nemmeno si sognano di raccontare delle proprie letture: identificano l'unico argomento comune ed evitano accuratamente il resto. È una forma di autocensura: dissertare d'amore, inteso come leggiadria, pensiero, turbamento, eccitazione, resta confinato a un cosmo autarchico, solipsistico. Accade quando si comunica con l'altro consapevoli di mettersi per primi in gioco e ponendo inevitabilmente in discussione il rapporto. In questo modo può fare male scoprire che il legame con quella persona non offre piú di tanto e accettarlo ugualmente pur sapendo che è un limitare se stessi. In simili casi parlare d'amorosi sensi può innescare la frustrazione: una comunicazione a senso unico.

Capirsi al volo è qualità rara. La comunicazione non è fare delle domande e ottenere delle risposte, ma aprirsi a un mondo. È preoccuparsi di una persona nel senso piú nobile, piú aulico, «occuparsi di piú» e prima: la capacità di previsione emotiva, una dote che viene acuita nei momenti emotivamente piú forti, come l'innamoramento. Si può intuire da come il partner chiude la telefonata che qualcosa non va: è la melodia che fa la canzone. Trovare un'intesa magica e immediata anche senza parole, con uno sguardo, un gesto, è uno dei grandi doni dell'amore.

Un'altra parola chiave della comunicazione emotiva è «curiosità». Dalle domande che ci si fanno si può dedurre la qualità del rapporto. La curiosità è un consistente indizio d'amore.

Tempo fa una casa produttrice di telefonini decise di selezionare i dirigenti con un criterio nuovo: non solo formazione e curriculum, ma le passioni che i candidati esprimevano (qualsiasi esse fossero, dalla pesca alla letteratura croata). L'azienda si accorse che la selezione dava dei risultati migliori in quanto il curriculum, pur importante, non diceva granché della persona, mentre le passioni, le curiosità erano il segno che quell'individuo possedeva un mondo emotivo forte che poteva essere trasferito anche alla tecnologia dei cellulari. Chi ama la pesca alla mosca s'informa, impara tutto sui fiumi della Scozia: un dinamismo psichico estensibile, per curiosità, a qualsiasi altro campo. Viceversa, se uno ha un curriculum eccellente ma è privo d'interessi, senza trasporto personale, significa che il suo mondo emotivo è freddo: una candidatura da scartare.

Per scegliere un partner si potrebbe adattare il metodo dell'azienda. Se s'introducesse il «colloquio di assunzione amorosa», sarebbe divertente capire quali voci verrebbero prese in considerazione. Non tutti in realtà cercano sapendo cosa vogliono, cercano e basta. Non tutti conoscono i propri desideri. Spesso si vuole evitare la fatica di chiedersi quale partner si vorrebbe. Le nonne non dovevano preoccuparsi di fare la selezione, venivano scelte dal ragazzo incontrato alla festa del paese ed era finita lí. Oggi invece, a fronte di tanta libertà, il «colloquio di assunzione amorosa» potrebbe diventare uno strumento per scoprire il talento amoroso del candidato partner. Si potrebbe chiedere se ha grandi passioni e quali siano. Non tanto per scoprire eventuali convergenze, ma per cercare indicatori di qualità. Il partner potenziale può essere un archeologo che sa tutto degli Etruschi, mentre lei non sa nemmeno dov'è Tarquinia: tuttavia la passione per quell'uomo può spalancare le porte di un'intera galassia. Anche questa è magia d'amore: una persona scopre di non essere arida ma terra fertile, ricettiva a nuovi semi.

Si dice spesso che le tecnologie abbiano aumentato enormemente la gamma e le sfumature della comunicazione, in realtà se ne è persa la spontaneità emotiva.
L'e-mail è uno strumento emotivamente ambivalente: lo si può usare per parlare d'amore con un fidanzato che sta studiando nell'altro emisfero cosí come per convocare un consiglio d'amministrazione. Gli Sms non sono da meno in termini di distacco emotivo. Sono piú neutrali, permettono di fare domande e di rispondere quando si vuole (se si vuole). I piú giovani li corredano con le *emoticons* (icone emozionali): faccine fatte con puntini, parentesi e altri segni che servono a riscaldare una comunicazione altrimenti anonima. In questo contesto la telefonata rischia di essere lo strumento piú invasivo, entra nella sfera personale, può mettere in imbarazzo. Il telefonino consente di seguire l'altro, quindi può diventare un'arma a doppio taglio: da un lato rende chiunque raggiungibile, dall'altro costringe a dover giustificare la propria vita intima.
Alla fine dei conti chi ama preferisce il contatto, vedersi rappresenta un livello di confidenza piú alto, vuole i sensi. Con ciò non vorrei però affermare che la tecnologia danneggia la comunicazione d'amore, molto dipende da come viene usata. La tecnologia dovrebbe essere come i vecchi elettrodomestici, utili ma affettivamente neutri. Chiudere un rapporto con un Sms sarà efficace ma di sicuro non è un gesto di grande sensibilità.

Una teoria un po' banale sostiene che gli scambi tra i due sessi avvengano attraverso canali diversi: gli uomini piú razionali, le donne piú portate alla comunicazione emotiva. Credo invece che si dia troppa importanza all'appartenenza di genere, mentre si sottovalutano altri fattori, ad esempio l'ambiente.

È evidente che la comunicazione in un ambiente lavorativo porta a essere piú razionali, mentre in quello domestico piú emotivi: un insegnante è di solito piú attento alle emozioni rispetto a un manager che deve fare lo squalo dal mattino alla sera. Un ruolo importante lo giocano anche la cultura e la famiglia. Vi sono ambienti culturali chiusi, sobri e, a volte, perfino induriti da una vita difficile: la gente di montagna è piú silenziosa se paragonata a quella delle zone costiere e ciò per ragioni economiche (gli scambi, l'abitudine al contatto con la diversità), climatiche (l'uso degli spazi aperti) e sociali (la mobilità). Anche i modelli famigliari influenzano la comunicazione emotiva: una casa dove regna la cupezza non induce certo uguali modalità comunicative rispetto a una dove ogni pretesto è buono per ridere e scherzare. Può sembrare strano, ma questo meccanismo «induttivo» tende a funzionare piú in rapporto al dolore che alla gioia: è piú facile comunicare la rabbia che l'amore.

Donne chiacchierone, uomini taciturni: nelle coppie spesso le differenze sono piú volute che subite. A molte donne va benissimo che un uomo non parli proprio, che si occupi solo di calcio, guai se s'impicciasse degli affari di casa, metterebbe in discussione un'antica ripartizione degli spazi e dei poteri domestici: una vera e propria linea

Maginot, sistema di fortificazioni famigliari che poche coppie sono disposte a rivedere. Naturalmente per poi lamentarsi: il mugugno è trasmissibile da una generazione all'altra, come un gene perverso. La ragione per cui «lei» si tiene al fianco un tipo di cui non fa che lamentarsi è assai banale: perché alla fine le va benissimo. Recriminare dà dei vantaggi: non si è costretti a proporre qualcosa di diverso. Il lamento fa comodo.

Un uomo taciturno suscita due tipi di reazioni: irritazione perché induce la sensazione che non ascolti, o senso di protezione come se quel silenzio fosse un segno di misteriosa fragilità, e ciò porta «lei» a tirar fuori la valigetta da crocerossina e a prendersi carico dei problemi del compagno. E via asfissiando. In realtà, a volte, una persona ha semplicemente voglia di stare tranquilla e non dovrebbe essere sempre obbligata a parlare, tanto meno a dilungarsi in spiegazioni sui silenzi che, se pure rappresentano comportamenti piú che scontati, devono avere un inizio e una fine. Guai se si cronicizzano. Altre volte, invece, va bene insistere. Saper stanare il partner anche quando si rifiuta è un gesto affettivo. In amore non tutto va rispettato. Magari il motivo della chiusura è una preoccupazione di lavoro di cui in quel momento non vuole parlare, oppure una fase di infelicità che non si sente di comunicare. In questi casi l'amore ha una chiave in piú rispetto a qualsiasi altro tipo di rapporto: può scardinare quello scrigno, forzare quella chiusura. Si chiama rassicurazione: una forza formidabile.

Esistono persone malate di logorrea. Attaccano dei bottoni di ore al telefono a raccontare chissà cosa. È una dispersione di parole, di senso. Dietro quell'invadenza verbale spesso si riscontra la solitudine, l'eco dei propri suoni, il dover colmare dei vuoti. Si riempie tutto con un blablabla, come fanno i bambini quando non vogliono ascoltare. Da ultimo si alza il volume dello stereo per non sentire altro.

È difficile capire cosa spinga una persona a sopportare chi non tace mai. Per me sarebbe impensabile, non potrei passare neppure una giornata con una persona simile, ho bisogno di silenzio, di rispetto. E chiunque regga quella non invidiabile situazione per anni e anni significa che si trova bene in quel modo. Gli sproloqui della moglie diventano l'alibi per non stare in casa, per costruire una vita parallela: amanti, pesca, moto, calcetto. Basta andare a vedere i ciclisti amatoriali: credo che buona parte di loro abbia una vera passione per la bicicletta, ma molti non hanno nessuna voglia di stare a casa. Se vanno con la nebbia a sfidare i Tir una ragione ci sarà. Chi chiacchiera troppo di solito ha un difetto: tende ad arrivare subito alle conclusioni, a interpretare quello che l'altro vorrebbe o non vorrebbe dire, senza nemmeno ascoltarne le ragioni. È un modo di parlarsi addosso, che spesso prende il posto del «sentire». Oggi si è aggiunta una nuova moda: lo psicologismo spicciolo che dà il via alle piú variopinte interpretazioni pseudofreudiane. Forse sarebbe meglio avere un po' piú d'umiltà, rinunciare alla terribile onnipotenza interpretativa del mondo che ultimamente sta contagiando la nostra cultura. Nonostante sia passato oltre un secolo da Freud, bisognerebbe ammettere che delle persone comprendiamo poco di piú rispetto a cento anni fa.

Se alcuni esagerano con le parole, altri ne sono drasticamente avari e risolvono ogni confronto a monosillabi. Un sistema molto rassicurante al punto che a volte può diventare una vera e propria strategia esistenziale. Ricordo la lezione che quand'ero ragazzo mi diede un gesuita, docente di Religione del liceo. Voleva impartirmi un insegnamento che mi sarebbe tornato utile: suggerí, ogni volta che qualcuno mi avesse rivolto una domanda, d'iniziare la risposta con «Dipende». Compresi poi che dietro quel «dipende» era sottesa una storia terribile di potere: se uno esordisce dubitativamente significa che non ha un principio morale, che adatta di volta in volta le opinioni alla situazione che si presenta, che giustifica sempre e comunque. Una visione immorale, che prescinde dall'obbligo del giudizio, della sua parzialità.

Nelle coppie il «dipende» dà un'illusione di disponibilità, di fatto significa non prendere posizione. Come quando si dice di fare ciò che si vuole lasciando la porta aperta a tutte le possibilità: è come picchiare la testa contro un muro di gomma. Anche in questi casi le tecnologie sono complici: scegliere di rifiutare un invito inviando un Sms piuttosto che attraverso una telefonata significa manifestare un maggior grado d'indifferenza. Il messaggino comunica che non si ha voglia di mettersi a discutere, di sentire la voce, si dà il minimo.

Alle volte, in una coppia la comunicazione si sviluppa su piani paralleli, in pratica si parla senza parlarsi. L'esempio piú banale è quello di due fidanzati che s'incontrano nel solito posto. Lei chiede: «Mi ami?» Lui risponde: «Hai voglia di andare al cinema?» Ognuno ha comunicato, per proprio conto. È un modo di parlarsi molto efficace, apparentemente civile, può durare anche una vita intera: non si mette mai in discussione se stessi, si cresce senza maturare. In altre parole, non si ascolta l'altro. Come è stato già detto questa tipologia comunicativa si chiama «asincronica», cioè agisce su piani paralleli senza intersecarsi mai, senza contaminazioni, senza empatia.

C'è una maniera giusta per scegliere tempi, modi e parole nell'amore? Non esistono ricette, ci mancherebbe altro. Ciascuno ha il proprio modo e almeno nell'amore e nei sentimenti, nella sfera piú intima, si dovrebbe potersi esprimere come meglio si crede. Se si è capaci di riconoscere le emozioni, se non le si anestetizzano, se si è sinceri con se stessi, diventa piú facile esternare ciò che abbiamo dentro. Tra due che si stanno innamorando tutto fluisce con miracolosa semplicità. Si parla con gli occhi, con la pelle, con i sensi. Si rivelano aspetti profondi di sé, prese di coscienza di cui non si era neppure consapevoli. La passione porta la comunicazione ai livelli piú alti della relazione creando complicità. Questi momenti di grazia non sono frequenti, bisognerebbe saperne godere.

Bisogna accettare il rischio che l'amore comporta. Oggi invece si ha paura di farsi male, si teme che i sentimenti travolgano, magari non si sa nemmeno riconoscerli. L'incapacità di «tenere» un amore a lungo è molto diffusa. Alcuni sono capaci d'innamorarsi tante volte ma non di mantenere un rapporto. Il nucleo del problema è l'immaturità. È tipicamente infantile infatti pensare che l'amore si limiti all'innamoramento, badando bene a non mettersi mai in gioco: le relazioni per queste persone appaiono una fatica inutile, rinunciano a scavare sotto la superficie. Non sanno cosa si perdono.

Quando un rapporto si fa piú stabile e alle grandi emozioni dell'innamoramento segue un ménage piú tranquillo, la qualità del dialogo diventa fondamentale. Tante volte, tuttavia, si sopravvaluta il potere delle parole. Di fronte a una crisi l'illusione è che basti invitare l'altro a parlare oppure esporre i problemi con razionalità per vederli risolti come se fossero un'equazione matematica. La vita è piú complicata, e per quanto uno cerchi di spiegare, non tutto può essere inquadrato cosí facilmente.

Molte coppie non riescono a lasciarsi non in quanto non hanno validi motivi, ma perché non sanno trovare le parole. Sono consapevoli di non andare d'accordo ma pensano che quell'unione soddisfi esigenze concrete. Ci si convince che è meglio tacere piuttosto che mettere in discussione un rapporto. Il vero problema è la paura della solitudine. Tuttavia stare con una persona che non si ama piú diventa una pentola a pressione che prima o poi scoppia. L'amore è altro. E quando non funziona si dovrebbe parlare senza aspettare chissà quale evento catastrofico. Dire ciò che si sente cosí come viene, esprimersi senza dare per scontato che l'altro capisca da solo. Quando si ama si tiene all'altro e non si fa passare nulla per scontato.

L'attaccabrighe – la persona alla quale non va mai bene niente – è tra le figure piú tossiche che l'amore conosca: è un provocatore per professione, sa benissimo quali argomenti portano tempesta e vanno avanti come carri armati. Sanno vivere solo in un modo: la lite come minaccia continua, l'assillo, la tortura come dimensione della quotidianità. Sono persone che non conoscono la serenità, anzi, che pensano d'essere capaci di amare solo se riescono a innescare la reazione emotiva dell'altro. Vere e proprie mine vaganti dei sentimenti.

Quando si è innamorati il silenzio parla da sé, è tanto carico di emozione che a volte le parole sembrano un sacrilegio. Gli amanti sussurrano, nei momenti d'intimità la voce è una carezza. Tuttavia, non sempre il silenzio parla d'amore. Talora nelle coppie che hanno alle spalle anni di matrimonio, prende il sapore di una resa, di un vuoto assoluto: ci si sente al capolinea, non si litiga piú, si vive con il silenziatore, per paura di una parola sbagliata che inneschi un nuovo, insopportabile dolore. In questo modo, per soffrire il meno possibile, si accetta la mediocrità di una vita senza suoni.

Qualche tempo fa mi è capitato di vedere una trasmissione televisiva su un centro di Berlino in cui si pratica la terapia della risata e devo dire che l'unica cosa che faceva ridere era proprio l'idea di mettere in piedi un centro del genere. Per ridere o per piangere poco conta, in quanto terapie del genere sono, a mio parere, deprimenti. Si tende infatti a dare per scontato che l'esistenza si sia cosí desertificata, cosí azzerata dal punto di vista emotivo che serva ricorrere all'artificio, alla ricostruzione chirurgica di un'emozione, esattamente come si fa con un seno siliconato. In questo modo la psicoterapia diventa un mestiere ridicolo, ortopedico. Se manca un braccio viene integrato con un falso, se manca una risata si va da una signora che te la fa in faccia. Siamo arrivati al supermercato degli stati d'animo: dalle cinque alle sei si comprano sorrisi, dalle sette alle otto disperazione. Le emozioni sono dentro la vita, giorno per giorno, minuto per minuto: se non viene da ridere non sarà una risata falsa a cambiare il mondo.

La comunicazione emotiva, quella vera, inizia nell'infanzia, prosegue nell'adolescenza: una tecnica non può sostituirsi al vuoto esistenziale. Per questo non credo neppure alle tecniche per comunicare meglio in coppia: non si può imparare a parlarsi cosí come s'impara a nuotare o a giocare a tennis. La comunicazione non può essere trasformata in un *know how*, un'alfabetizzazione, un insieme di regole.

Innanzitutto è indispensabile la consapevolezza di volere il contatto accettando la responsabilità di quel comportamento. Si deve poter parlare come si sa, come si crede, come si è portati a fare, in modo spontaneo. Altrimenti la comunicazione diventa una conferenza stampa, cioè un'arroganza sentimentale.

Negli anni Sessanta si è molto parlato d'incomunicabilità (basterebbe ricordare il film di Michelangelo Antonioni *Deserto rosso*) intendendo il venir meno non solo della comunicazione affettiva ed emotiva, ma anche degli interessi sociali e culturali che uniscono due persone. Non abbastanza si è parlato del paradosso della comunicazione sessuale: spesso infatti invece che affievolirsi parallelamente alla forza emotiva della coppia, si costituisce come l'ultimo baluardo e si esalta. In questi casi il sesso si trasforma nell'elemento collante, ciò che unisce un rapporto che viaggia ormai su binari totalmente incomunicabili. Non si tratta certo di una panacea, anzi, spesso infatti nelle coppie non funziona niente tranne, appunto, la comunicazione sessuale che assume i connotati di una chimera amorosa.

Nel lavoro teatrale del drammaturgo americano Arthur Miller intitolato *Erano tutti miei figli*, che si svolge nel periodo successivo alla fine della Seconda guerra mondiale, si racconta l'epopea di una famiglia americana in cui il padre, il capitano d'industria Joe Keller, si è arricchito in modo disonesto, vendendo testate di cilindri difettose all'Aviazione americana. Nella drammatica scena finale questi si confronta con il figlio, ormai adulto, al quale ha lasciato l'azienda urlandogli: «Ti ho dato i soldi, ti ho fatto studiare, hai avuto tutto. Che cosa avrei potuto fare ancora per te?» E il figlio, guardando il genitore: «Credevo che tu fossi migliore. Non ti avevo mai visto come padre, ma come un uomo qualsiasi». Ovvero: «Avrei voluto che tu mi ascoltassi, che mi fossi piú vicino, che mi abbracciassi. Meno soldi piú carezze, meno fabbrica piú passeggiate, meno conti in banca piú emozioni. Tu e io».

«Essere migliore», cioè l'augurio che i nostri ragazzi vivano d'amore, che imparino a parlare delle proprie emozioni. Iniziando da piccoli.

Leggendo le favole ai figli, ad esempio. Oggi, se ne sottovaluta il valore: non sono storie affinché stiano buoni e si addormentino piú in fretta. L'affabulazione, lo sviluppo di una novella narrata a un bambino è un geniale apprendistato emotivo, attraverso il quale si nutre il mondo interiore di un futuro adulto. Penso agli orchi, ai maghi, alle streghe malefiche, ai cavalieri senza macchia e senza paura e a tutte le vicende mozzafiato che popolano le fiabe classiche, al punto che sembrerebbero scritte da persone crudeli. Invece i grandi scrittori come i fratelli Grimm, Andersen, Perrault, che attingevano anch'essi a una meravigliosa tradizione popolare, avevano compreso un aspetto fondamentale: la fiaba non era un fine ma un pretesto per produrre una cascata alterna di paure e rassicurazioni. Il bambino che ascolta sprofonda nello sconcerto, nel terrore, per poi riemergere nella piú gioiosa e spensierata scoperta dell'incanto, del sortilegio, del sollievo. Queste montagne si chiamano emozioni. Per il piccolo si trasformano in altrettante occasioni di crescita.

La favola finisce sempre con la fatidica frase: «E vissero felici e contenti», tuttavia non erano cosí stupidi i fratelli Grimm da metterla all'inizio: della felicità importava poco, erano le tribolazioni umane l'aspetto piú importante.

Tuttavia le fiabe non sono soltanto una scuola di emozioni. Nessuna mamma, papà, nonna potrebbe raccontare una favola a distanza di trenta metri. In realtà questi grandi scrittori non si fidavano degli umani, sapevano che uno dei modi per avvicinare un adulto a un bambino era prevedere una serie di contenuti paurosi che lo costringessero a stargli piú vicino, appiccicato, a rincuorarlo. E un bambino poteva essere rassicurato attraverso la comunicazione emotiva che è fatta di coccole, di abbracci, di carezze, di un contatto pelle a pelle, voce a voce.

Ho descritto l'empatia, rassicurazione di cui ognuno ha enorme bisogno in quanto siamo tutti fragili. Per questo chi è stato tanto fortunato da avere avuto genitori oppure nonni che raccontavano fiabe non ricorda tanto i contenuti delle storie quanto l'odore di sigaro che aveva il nonno quando narrava oppure il grande e bianco seno della nonna che stringeva a sé nei momenti di paura. Ciò che si sedimenta, da ultimo, nella memoria non sono i dati cognitivi, tuttavia quelli emotivi.

Ciò che avviene tra adulti all'interno di un rapporto sentimentale altro non è se non il prodotto finale di ciò che una persona ha o non ha avuto durante la propria infanzia. Da piccoli, infatti, s'impara l'alfabeto della comunicazione, tuttavia esiste un alfabeto molto piú importante che tante volte si dimentica d'insegnare ai figli: quello delle emozioni. Cosí come sui banchi si apprende che quel determinato segno rappresenta una «a», allo stesso modo nella scuola della vita si dovrebbe capire che una certa espressione del viso, con lacrime e sospiri, rappresenta un pianto.

Tuttavia, se nessuno ha mai pianto vicino ai bambini non riusciranno a riconoscerlo. Se da grandi proveranno un'emozione vedendo un bel film d'amore è in quanto da piccoli sono stati emozionati. Gli scienziati che hanno studiato i problemi dell'infanzia deprivata sanno che un bambino cresciuto in un orfanotrofio ha un'alta probabilità di manifestare da adulto disagi emotivi, come sanno le donne e chi durante l'infanzia ha vissuto gravi problemi di comunicazione emotiva (madri fredde, padri indifferenti, maltrattamenti in famiglia, violenze fisiche oppure psicologiche). Sono esperienze che segnano, ferite non facili da recuperare.

Qualcuno mi potrebbe chiedere quali sono i provvedimenti cui ricorrere se non si ha avuto la fortuna di godere dell'apprendistato emotivo. Per fortuna l'amore è un grande maestro che, in modo differente da come potrebbero fare i genitori, può tuttavia fare crescere nella comunicazione emotiva. L'importante è essere curiosi, non chiudersi nell'arroganza di chi afferma di essere indisponibile ad abbattere limiti, a colmare lacune, mancanze, imponendo agli altri di essere accettati, senza possibilità di modifica. Aprirsi alla vita, lasciarsi andare all'altro, imparare a fidarsi, aiuta a sciogliere i blocchi interiori affinché non diventino un'armatura.

La comunicazione emotiva è semplice e complessa al tempo stesso, l'istinto la sa riconoscere, come accade con i sensibili cavalli. Il rapporto che si crea in sella è fatto di aiuti impartiti, comandi riconosciuti ed eseguiti: modalità lasciate alla sensibilità del cavaliere. Le orecchie di questi animali sono come radar, captano ogni suono, sono rivolte all'indietro per percepire anche un solo monosillabo del padrone o puntate dritte verso l'ostacolo non appena viene avvistato. Nel box la sensibilità di questi quadrupedi commuove: sanno se il loro padrone è triste e quando travolgerlo con musate di affetto.

Immaginiamo ora una ragazza che debba incontrare il fidanzato dopo due settimane di lontananza da lui. Ha deciso per una cena nel suo appartamento, pensa al menu, addobba la tavola soffermandosi sui particolari, sceglie il vino, studia i punti luce, compone fiori nei vasi, seleziona i Cd, crea l'atmosfera adatta per rilassarsi. Potrà creare una messinscena perfetta, con tutti i dettagli adeguati, ma se non ci mette l'anima anche le candele non riusciranno a trasformare quell'appartamento in un nido d'amore caldo e piacevole. La comunicazione affettiva non è un procedimento studiato, un insieme di tecniche e di strategie, ma un atto spontaneo, inconsapevole. Ed è per questo che funziona.

A comunicare emotivamente si può imparare, ad esempio, da una nonna che sa cucinare. Mi viene in mente il film *Un tocco di zenzero*, ambientato a Costantinopoli agli inizi del Novecento. I protagonisti sono un bambino e il nonno droghiere. Il piccolo cresce tra i sacchi di cannella e pepe, il nonno gli svela i segreti, gli racconta le storie delle spezie, i viaggi che hanno fatto per arrivare fin là: in quel modo dà al nipotino un'interpretazione del mondo. Attraverso quella figura semplice, meravigliosa, il bambino entra nella vita: gli odori delle spezie diventano un'occasione per imparare la storia, la cultura, il saper stare al mondo.

Succede anche a coloro i quali hanno conservato nella

banca della propria memoria il ricordo dei pranzi di famiglia dove i grandi raccontavano ad esempio le vicende della zia che era scappata con il capitano di lungo corso, del nonno che aveva venduto finalmente la proprietà del fondo rustico, della cugina che si era fidanzata ufficialmente. Comunicazioni che diventavano affettive proprio in quanto erano condite da una serie di circostanze emotive, sensoriali: il profumo del cibo, il rumore dei piatti, le risate, l'odore di pipa. Se si cresce tra e nei sensi, da adulti si cercano quelle stesse sensazioni e la cenetta con il fidanzato diventa un momento in cui inconsapevolmente si riproducono quelle intensità. Si comunica con il cuore.

Nel mio lavoro psicoterapeutico mi capita spesso d'incontrare giovani donne in preda a una grande confusione affettiva. Ragazze che hanno un fidanzato ma non sono contente e allora vanno con un altro, poi con un altro ancora per arrivare a pensare che forse il primo era meglio. Tendono a rispondere allo scompiglio amoroso, creando altri rapporti che ingarbugliano ancor di piú la matassa. Mi dicono che amano il fidanzato, tuttavia lo tradiscono. Mi dicono che stanno bene, eppure che non basta.

La grande confusione affettiva è il riflesso di una realtà piú complessa, in cui non si distingue piú il vero dal falso, il giusto dallo sbagliato. Anche la comunicazione televisiva – dove non si può riconoscere una guerra vera da una falsa, dove un delinquente ha la stessa visibilità di un onesto – alimenta una cultura del caos che inevitabilmente si trasferisce negli affetti.

L'amore è un sentimento semplice e la comunicazione affettiva deve semplificare, che non significa banalizzare, anzi. Se bisogna nascondersi dietro paroloni, interpretazioni, avverbi, aggettivi, se si ha bisogno di un grande teatrino, di tramonti hollywoodiani, delle calze autoreggenti, della giarrettiera, di champagne e fragoline, di solito è per celare la pochezza dell'amore.

La comunicazione emotiva quando è autentica dice la verità. In quell'ambito la gioia, come la disperazione, sono emozioni spontanee, immediate, viste negli occhi, ascoltate in una frazione di respiro rivelatore, sentite nel sudore della pelle. Difficile che i sensi tradiscano, piú facile che siano le parole a trarre in inganno.

La finzione che però non deve essere confusa con la falsità. La finzione suscita grandi emozioni, come succede a teatro, tuttavia siamo sempre consapevoli che Otello è un attore che interpreta quel personaggio. Il teatro è meraviglioso proprio in quanto mette in scena gli stati d'animo, coinvolge mantenendo nel contempo le distanze dalla vita vera. È una scuola d'emozioni proprio come le fiabe per i bambini.

La comunicazione falsa invece è un'altra cosa, è inganno. *L'isola dei famosi*, ad esempio, è un falso artistico, proprio come una borsa contraffatta comprata all'ingresso di una stazione della metropolitana. È la persona che si presenta nella chat sotto falso nome e sostiene di essere una bella bionda di venticinque anni e magari nella realtà è un uomo che fa lo scaricatore di porto e ha sessantasei anni. Il dialogo via chat è basato sul dover credere, senza possibilità di verificare la veridicità della dichiarazione, in quanto avviene a carte coperte. L'informazione fornita è la premessa di una comunicazione falsa, quella che gli inglesi definiscono *fake*, un aggettivo che è anche un verbo – «manipolare» – e che pregiudica il senso di fiducia tra due persone che dovrebbero instaurare un rapporto. La conseguenza è che si crea uno spostamento della comunicazione su valori falsi che non corrispondono affatto alla realtà.

Coloro che sanno riconoscere la comunicazione autentica, empatica, onesta – che utilizza le parole come anche il gesto, il comportamento, l'odore e tutta l'immensa variabilità sensuale – non rinunciano piú a quelle qualità.

Una parte della comunicazione di coppia, scorre sott'acqua, come un sommergibile. È il non detto, il far finta di non capire anche quando si è capito benissimo. Una mia paziente, signora nota e benestante, aveva sposato un simpatico nullatenente e a un certo punto si era accorta che il marito le aveva poco alla volta sottratto tutti i soldi. In realtà la signora non aveva voluto capire: aveva bisogno di un santone e pensava di avere trovato un guru in quella persona, che era invece tutt'altro.

Spesso il non detto e il non capito sono legati a innominabili sensi di colpa. Un caso estremo è quello delle mogli e delle compagne dei pedofili che di rado denunciano il marito o il compagno. La denuncia equivarrebbe a confessare di essere state complici per trent'anni di un delinquente, ammettere di conseguenza di essere in prima persona dei farabutti. Il non detto è enormemente piú forte del detto in quanto si lega ai sensi di colpa ed è consono alla morale cattolica del condono, secondo il quale si può commettere qualsiasi peccato, basta poi andare a confessarsi.

La fiducia, il fare affidamento sono voci fondamentali dell'amore reciproco, ma hanno bisogno di coraggio, soprattutto per le persone che sono state ferite. Tuttavia, la forza rivoluzionaria dell'amore è proprio quella di riuscire a fare ciò che la ragione sconsiglia. Fidarsi, allora, è lasciarsi guidare, non avere paura di fare quel tratto di strada. Ancora una volta è qualcosa che s'impara da piccoli se si sono avuti genitori capaci di far crescere la stima in se stessi. E siccome le emozioni sono un capitolo fondamentale dell'autostima, la bussola per trovare l'orientamento nel mondo, hanno bisogno di essere considerate con rispetto soprattutto nell'età in cui vengono a galla, prendono forma e consistenza, vale a dire durante l'adolescenza. L'avere riguardo per la sfera emotiva di un giovane significa anche aiutarlo a parlare d'amore. Eppure, quando un genitore viene a sapere che il ragazzo incomincia a uscire con qualche amica arrivano le domande indiscrete, con quel tono a metà strada tra presa in giro e interrogatorio. Genitori affetti da una curiosità morbosa che incalzano per sapere se la figlia abbia il «ragazzino», il «fidanzatino». Questi diminutivi utilizzati quando si devono fare delle domande sugli affetti stanno a significare che per i genitori quella storia non conta niente: figurarsi se a quattordici anni si possa avere la piú pallida idea dell'amore! Questo modo ridicolo e umiliante di parlare dei sentimenti agli adolescenti non è una buona scuola: non ci si deve poi meravigliare se i figli reagiscono con una rispostaccia oppure si nascondono dietro il silenzio.

Non è facile indagare un argomento delicato come la vita sentimentale di un adolescente: l'atteggiamento migliore sarebbe non indagare affatto, saranno loro a confidarsi se e quando ne avranno voglia. Quando un figlio entra a un livello piú alto, piú intimo di confidenza con un adulto è il momento di rizzare le orecchie. È necessario per dare un nome, un posto dunque una dignità a una rabbia travolgente, a una gelosia divorante cosí come anche alla felicità, allo stupore, alla tenerezza. È fondamentale insegnare che al mondo esistono anche queste emozioni che hanno tante sfumature e che non devono fare paura, in quanto anche gli adulti le sperimentano ogni giorno.

Esistono tre parole d'oro per l'intesa. La prima è l'ascolto. Cosí come nella comunicazione emotiva gli occhi si usano per guardare e non per vedere, le orecchie si adoperano per ascoltare e non solo per sentire. L'ascolto profondo è prestare attenzione, rendersi disponibile all'altro: è fondamentale nel rapporto di coppia come in quello tra genitori e figli. Non comporta necessariamente uno scambio di parole, di domande e risposte, anzi spesso le risposte piú significative si hanno semplicemente osservando, come quando si cerca di capire come sta un bambino piccolo: basta guardare come gioca con gli altri, per sapere se è tranquillo oppure agitato, se è pensieroso o allegro. Con un partner si può sviluppare lo stesso tipo di ascolto: è sufficiente tacere piú spesso, non sommergerlo di domande, richieste, spiegazioni, rassicurazioni.

La seconda è il tempo. È lo strumento piú importante per ascoltare se stessi o gli altri: è bello perdere del tempo per scegliere una persona, è l'aspetto piú eccitante della vita. Trovo stupido che si buttino via ore dal commercialista e si dedichino tre minuti a scegliersi la fidanzata su Internet. Tuttavia il tempo può diventare anche un incubo, un disagio tra due persone che non sanno cosa dirsi. Tant'è vero che la tendenza è quella di riempire la giornata di attività, di abbassare la tensione buttandosi nelle azioni. C'è un grande affaccendarsi nella vita di oggi e questo molto spesso maschera la profonda difficoltà di dover ammettere di non avere niente da dirsi.

La terza parola è la sincerità. Dire la verità è uno dei fondamenti della comunicazione emotiva, tanto quanto la falsità e le bugie sono per definizione contro l'amore. Questo non significa dire tutto sempre, e comunque. La verità può anche essere parziale. Nell'amore, infatti, si può serbare una parte segreta, che è lecito tenere per sé. Quando nasce un rapporto non è necessario denudare completamente l'anima di fronte al nuovo compagno. Non pregiudica la qualità del legame il non aprire completamente il baule della propria vita.

Le parole hanno una grande forza, sono come pietre. «La parola è d'argento e il silenzio è d'oro», dicono i francesi. Una frase gentile pronunciata da un uomo innamorato rischiara una giornata, cosí come un commento infelice o un'offesa possono far precipitare nello sconforto. Le parole feriscono, oppure leniscono, dovremmo tutti imparare a usarle meglio.

Tuttavia, non esistono soltanto le parole. Mi viene in mente quella frase che diceva papa Giovanni XXIII, il papa buono: «Stasera quando tornate a casa date una carezza ai vostri bambini». Quell'uomo parlava per tutti, sapendo di suggerire un gesto che sembra il piú ovvio ma che è il piú difficile da mettere in pratica, il piú rivoluzionario. Per avvicinare la mano con gentilezza ci vuole coraggio. Bisogna schiudere il cuore, accettare le emozioni. Soltanto in questo modo si potrà seguire quel filo luminoso che lega un uomo a una donna.

L'amore non ha niente a che vedere con l'autarchia, con la presunzione di bastare a se stessi. È vero che la capacità di amare l'altro deriva da quella di amare se stessi e chi non si ama non sa amare: ma ciò non significa essere egoisti. L'egoismo porta alla chiusura in sé, all'indifferenza per gli altri. Giovanni XXIII esortava: «Figlioli miei, amate-

SULL'AMORE

vi tra voi. Cercate piú quello che unisce che ciò che divide, due persone che si amano non devono guardarsi negli occhi ma allo stesso punto».

Oggi si sta attraversando un momento critico, in cui non si è piú costretti a legarsi a un partner per sopravvivere come accadeva in passato. Tuttavia, è proprio questa nuova libertà a mettere molti a disagio, in quanto si deve scegliere e tra le varie possibilità è data anche quella di permettersi il lusso di dedicare del tempo alle emozioni.

È una grande conquista proprio in quanto il futuro dell'umanità è legato alla possibilità di sentire con il cuore, di amare davvero. Forse, oggi, si è preso maggiormente coscienza, e nel deserto di emozioni in cui molti si sono esiliati sta rinascendo il desiderio di comunicare. Se non si sa da che parte iniziare, s'incominci da una carezza.

*Stampato per conto della Casa editrice Einaudi
Presso Mondadori Printing S.p.a., Stabilimento N.S.M., Cles (Trento)*

C.L. 18506

Edizione						Anno			
2	3	4	5	6		2007	2008	2009	2010